Katrin Gray Mermaid Kat

MERMAIDING

ENDLICH MEERJUNGFRAU

HEEL

Als Dank und Zeichen meiner Anerkennung möchte ich dieses Buch einigen sehr wichtigen Personen in meinem Leben widmen.
Vielen Dank an meine Eltern Monika und Ingo Schwarz für die tollste Unterstützung, die sich eine Tochter wünschen kann. Ohne Euch wäre ich wahrscheinlich niemals dazu gekommen, meine eigenen Flossen zu verkaufen. Danke für Euren Einsatz im Mermaid Kat Shop Deutschland und meiner deutschen Meerjungfrauenschule.
Und auch ein Danke an meinen leiblichen Vater Hans-Jürgen von Horn, der mir oft als Inspiration dient, mich aber leider niemals als Meerjungfrau hat schwimmen sehen.

HEEL Verlag GmbH
Gut Pottscheidt
53639 Königswinter
Tel.: 02223 9230-0
Fax: 02223 9230-13
E-Mail: info@heel-verlag.de
www.heel-verlag.de

Autorin: Katrin Gray

Fotografien: Privatarchiv der Autorin, mit Ausnahme von:

© Ian Gray: 8u, 10, 14, 25u, 27, 28, 30-31, 33, 38, 39, 50, 57, 60–62, 71, 72, 74, 75, 78, 79, 81–83, 86–89, 99, 102–104, 106, 114u, 115-117, 119, 121 · © Colona Divers: 2–5, 7u, 13 · © Dream Cruises: 58, 69, 80o, 73, 101, 109, 118 · © Michael Aw: 9, 90/91, 92, 95, 124/125 · © Marten von Rauschenberg: 12u, 66, 67 · © Andrew Tingle: 22, 29 · © Jana McGeachy: 32 · © Chris Schenker: 48/49 · © Christina Beste: 63, 68, 80u · © Jan Langmaack: 76, 80M, 123 · © Maria Tezikova: 84/85 · © Adriano Trapani: 96/97 · © Dennis Michelmann: 98 · © Brent Maddison: 77, 105, 111 · © Mark Erwin: 108, 122, 126/127 · © fotolia.de/PYRAMIS: 11, 12o

Illustrationen: Ralph Handmann, Bonn (34, 35)

Gestaltung: gb-s Mediendesign, Königswinter

Covergestaltung: Christine Mertens, HEEL Verlag GmbH

Lektorat: Ulrike Reihn-Hamburger

Printed in Slovenia

ISBN 978-3-95843-711-1

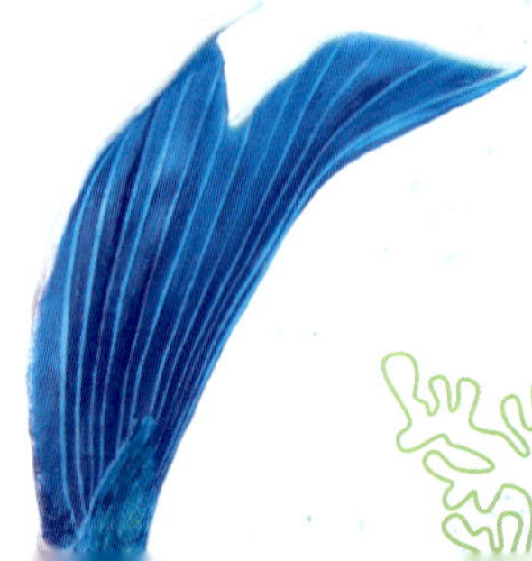

INHALT

Vorwort 6

Faszination Meerjungfrau 11

Was ist eine Meerjungfrau? 11

Was ist Mermaiding? 13

Vorbereitung aufs Mermaiding 15

Das richtige Mermaid-Equipment 15

Die richtige Größe für meine Meerjungfrauenflosse 24

Monoflosse und Bezug richtig zusammensetzen 25

Wie transportiere ich die Flosse? 26

Wie ziehe ich eine Flosse richtig an und aus? 26

Mit der Flosse im Wasser 33

Abtauchen 34

Körperbewegung 35

Armhaltung und Armbewegung 36

Hilfsmittel 37

Unter Wasser Schwimmen 39

Druckausgleich 39

Die Luft anhalten/Apnoe 46

Schwimmen ohne Schwimmbrille und Nasenklemme 55

Mermaid Tricks 59
Seitwärtsrollen 59
Vorwärtsrollen 61
Rückwärtsrollen 63
Handstand 64
Blasenringe pusten 66
Herzenblasen machen 67

Das richtige Mermaid-Styling 69
Wasserfeste Schminke 69
Frisuren 72
Accessoires 74
Haarpflege 75

Posieren in einer Flosse 77
Posieren an Land 77
Posieren unter Wasser – Wie bleibe ich unten? 81
Wie posiere ich unter Wasser vor der Kamera? 83

Nixen als Botschafter der Meere 87
Zahlen, Daten, Fakten 87
Handele im Interesse der Umwelt 93
Agiere als Vorbild 94

Wichtig zu wissen 99
Körperliche Fitness 99
Tauchtauglichkeit 100
Medikamente und Mermaiding 100
Das Buddy-System 100
Limits 102
Handzeichen zur Kommunikation 102

Die richtigen Wasserbedingungen 103
Strecke, Tiefe, Zeit 105
Mermaiding und Gerätetauchen 107

Jobs als Profi-Meerjungfrau 109
Arbeiten als Entertainer 109
Aquarien 111
Arbeiten als Nixenmodel 113
Arbeiten als Unterwassermodel 114
Arbeiten als Meerjungfrauen-Instruktor 116
Die richtige Gage finden 119

Reaktionen in der Öffentlichkeit 123
Gibt es Meerjungfrauen wirklich? 123

Empfehlung 128

Dieses Buch ist durch meine jahrelange Erfahrung als Meerjungfrau, Tauchlehrerin, Apnoe-Instruktorin und Unterwassermodel entstanden. Es ersetzt auf keinen Fall einen professionellen Trainingskurs und einen erfahrenen Buddy, beziehungsweise erfahrene Aufsichtspersonen.

Diese Anleitung zum Mermaiding wurde nach bestem Wissen und Gewissen verfasst. Weder der Verlag noch die Autorin übernehmen eine Garantie für die Richtigkeit der Angaben. Jegliche Haftung wird ausgeschlossen.

VORWORT

Bevor ich ins Detail gehe und damit beginne, Euch etwas mehr über das Meerjungfrauenschwimmen, das sogenannte Mermaiding, zu verraten, möchte ich mich erst einmal kurz vorstellen.

Mein Name ist Katrin Gray, aber die meisten kennen mich wahrscheinlich eher unter dem Namen Mermaid Kat.

Als ich fünf oder sechs Jahre alt war, habe ich das erste Mal den Disney-Film „Ariel" gesehen. Als ich die kleine Meerjungfrau durch das Wasser tanzen sah, war ich fasziniert und absolut gefesselt. Die Bewegung der Nixe und die wunderschöne Unterwasserwelt lösten in mir den Wunsch aus, eine echte Meerjungfrau zu sein. Damals gab es natürlich noch keine Meerjungfrauenflossen zu kaufen und so bat ich meinen Vater, mir eine zu bauen. Doch mein Vater, Polizist im Sondereinsatzkommando und vielleicht etwas überbehütend, antwortete lediglich, ich würde ertrinken, wenn ich mit zusammengebundenen Beinen ins Wasser spränge. So war der Traum von einer Meerjungfrauenflosse vorerst gestorben, das Träumen ging jedoch weiter.

Fortan überkreuzte ich bei jeder Gelegenheit meine Beine und hoffte, sie würden irgendwann zu einer Flosse zusammenwachsen. Ich erinnere mich noch gut daran, wie ich nachts schlaflos im Bett lag und davon träumte, eine Meerjungfrau zu sein.

Wann immer ich mich mit meinen Freundinnen im Schwimmbad verabredete, spielten wir Meerjungfrauen und schwammen in der Meerjungfrauenbewegung unter Wasser.

Aber irgendwann war es Zeit, diesen Kindheitstraum ruhen zu lassen und mich auf die Schule, meine Ausbildung und den normalen Alltag zu konzentrieren. So vergaß ich meinen Traum, eine echte Nixe zu werden – zumindest für eine Weile.

Nach dem Abitur nahm ich an einer Misswahl teil und qualifizierte mich für die Miss-Niedersachsen-Wahl, die ich im November 2005 gewann. Etwa zwei Monate später fand ich mich im Missen-Camp bei den Vorbereitungen zur Miss-Deutschland-Wahl wieder und musste mich schnellstmöglich an High Heels, Make-Up und Haarspray gewöhnen. Bei der Wahl wurde ich zur Miss Deutschland International 2006 gewählt. Bei weiteren Wettbewerben wurde ich zum „Deutschen Hochzeitsmodel 2006“, zur „Queen of the World Germany 2007“ und zum „SeaStar Girl 2008“ gewählt.

Diese Schönheitstitel verhalfen mir dazu, die Fashionwelt zu betreten und ich arbeitete einige Jahre als internationales Fashionmodel in verschiedenen Ländern. Ich liebte das Reisen, war jedoch noch nie ein großer Fan von High Heels, Designerklamotten und Haarspray. Deshalb entschied ich mich für einen Karrierewechsel.

2010 wanderte ich aus Deutschland aus und verbrachte ein Jahr in Australien, bevor ich nach Thailand weiterreiste. Meine Auswanderung wurde damals von der Sendung „Goodbye Deutschland“ begleitet. In Sydney begann ich mein Training zur Tauchlehrerin und zog danach nach Phuket, um dort das Tauchen zu unterrichten.

Nachdem ich so viel in Berührung mit der wunderschönen Unterwasserwelt war, erinnerte ich mich an meinen Kindheitstraum, eine echte Meerjungfrau zu sein. Dieses Mal entschied ich mich jedoch dazu, diesen Traum zu verwirklichen.

Ich überlegte mir, was eine echte Meerjungfrau können müsste und kam zu folgendem Entschluss: Eine Meerjungfrau muss ihre Luft für eine lange Zeit anhalten können, unter Wasser gut aussehen und braucht natürlich eine Flosse.

So begann meine Reise. In der Apnoeschule „We Freedive“ lernte ich, meine Luft für etwa 3 ½ Minuten anzuhalten.

Zeitgleich trainierte ich meine Fertigkeiten als Unterwassermodel. Als ausgebildete Tauchlehrerin und ehemaliges Model fiel mir dies glücklicherweise nicht allzu schwer. Es fehlte jedoch ein wesentlicher Teil: meine erste eigene Meerjungfrauenflosse – die ich mir schließlich aus Neopren, Latex und einer Monoflosse baute, und so wurde „Mermaid Kat“ offiziell im Mai 2012 geboren.

In Phuket begann ich dann auch, als Meerjungfrau auf Veranstaltungen zu arbeiten. Wann immer Menschen, vor allem Mädchen und Frauen, mich in meiner Meerjungfrauenflosse sahen, strahlten sie vor Faszination. Nach kurzer Zeit realisierte ich, dass ich nicht die einzige war, die davon träumte, eine Meerjungfrau zu sein. Und so entschied ich mich dazu, anderen dabei zu helfen, sich ihren Traum zu erfüllen.

Im August 2012 eröffnete ich die Mermaid Kat Academy, die damals die erste öffentliche Meerjungfrauenschule der Welt war. Mein erster Meerjungfrauenkurs wurde von der Sendung „Auf und Davon“ begleitet und auf VOX ausgestrahlt.

Seither unterrichtete ich in Meerjungfrauenkursen in über zehn verschiedenen Ländern, unter anderem in Deutschland, Österreich, Schweiz, Thailand, Malaysia, den Philippinen, Indonesien, Australien, China, Singapur und Ägypten.

Der Hauptsitz meiner Meerjungfrauenschule liegt nun in Deutschland, mit einer Zweigstelle in Australien, wo ich derzeit lebe. Meine Meerjungfrauentrainer und ich haben bereits über 6.000 neue Nixen und Meermänner trainiert.

Aber natürlich braucht man zum sicheren Unterrichten auch professionelles Meerjungfrauen-Equipment. Nachdem ich sämtliche Anbieter auf dem Markt getestet hatte, musste ich leider schnell feststellen, dass die erhältlichen Meerjungfrauenflossen meinen Anforderungen nicht standhielten und manche sogar gefährlich erschienen. Monoflossen, die im Wasser einfach zerbrachen, zwei Löcher anstelle von Fußtaschen und aneinander reibende Knöchel beim Schwimmen waren nur der Anfang.

Daher entschied ich mich dazu, selbst Meerjungfrauenflossen zu entwickeln, die realistisch aussehen, aber auch sicher und effizient sind. Im April 2013 eröffnete ich dann meinen Online-Shop, den Mermaid Kat Shop, in dem nun Meerjungfrauenflossen aus Stoff und Silikon erworben werden können. Als Tauchlehrerin und Apnoe-Instruktor habe ich ein gutes Verständnis davon, wie sich Dinge im und unter Wasser verhalten. Zusammen mit meinem Mann, der Ingenieur ist, habe ich die ultimativen Meerjungfrauen-Monoflossen entwickelt, die als richtiges Sportequipment gelten.

Ich selbst nutze diese Flossen auch bei meiner Unterwasserstuntarbeit, bei der ich in Tiefen von bis zu 40 m unter Wasser gefilmt und fotografiert werde. Manchmal tanze ich durch Schiffwracks und ich habe sogar schon neben Tigerhaien posiert. Für meinen Beruf bin ich in der ganzen Welt unterwegs und schwimme mit so ziemlich jedem Meeresbewohner, den man sich vorstellen kann.

Ich liebe es, eine Meerjungfrau zu sein und mit diesem Buch möchte ich euch dabei helfen, selbst zur Nixe oder zum Meermann zu werden.

Mermaid Kat

MERMAID KAT

Tauche ein in meine Welt und werde selbst zur Nixe!

Faszination Meerjungfrau

Meerjungfrauen haben auf uns einfach eine magische Wirkung. Fast jedes kleine Mädchen träumt davon, eine Meerjungfrau zu sein, und so ziemlich jede Frau erinnert sich noch immer an ihren Kindheitstraum, als echte Nixe durch die Meere zu schwimmen. Auch Jungs freuen sich meist darüber, eine echte Meerjungfrau zu treffen – und auch Männer scheinen den Anblick einer hübschen Nixe oft zu genießen.

Die Mehrheit von uns denkt bei einer Meerjungfrau wahrscheinlich an eine mystische, weibliche Figur, die halb Mensch und halb Fisch ist. Oft stellen wir uns diese Kreaturen wunderschön und magisch vor. Das ist auch die Art Meerjungfrau, die ich persönlich mag.

Es gibt jedoch auch das Bild der dunkeln Sirenen. In einigen Sagen und Geschichten werden diese als gefährlich dargestellt. Es gibt Geschichten, in denen Meerjungfrauen singen und so die Fischer um ihre Finger wickeln, um sie danach in die Tiefen der Ozeane zu reißen. Ich persönlich mag diese Form der Darstellung von Meerjungfrauen nicht. Ich bevorzuge ganz klar die schöne und friedliche Vorstellung von Nixen.

Was ist eine Meerjungfrau?

Aber was ist eine Meerjungfrau eigentlich bei genauerer Betrachtung? Wie bereits erwähnt, denken die meisten an ein Wesen, das halb Mensch und halb Fisch ist. Biologisch betrachtet ist dies jedoch nicht richtig. Meerjungfrauen haben keine Kiemen, können also nicht dauerhaft unter Wasser bleiben, wie z. B. Fische. Sie müssen, genau wie Wale und Delfine, zum Atmen an die Wasseroberfläche kommen.

Auch wenn wir uns die Form der Schwanzflosse und die Schwimmbewegung genauer ansehen, sehen wir

„Meerjungfrauen sind Säugetiere, nicht halb Mensch, halb Fisch!“

große Unterschiede zu Fischen. Bei Fischen steht die Schwanzflosse aufrecht, Fische bewegen ihre Flossen deshalb von links nach rechts. Die Schwanzflosse von Meerjungfrauen ist hingegen waagerecht, genau wie die von Meeressäugern, wie Delfinen. Auch die Schwimmbewegung ist die gleiche wie bei Meeressäugern, sie bewegen ihre Flosse von oben nach unten. Wenn Meerjungfrauen also so existieren würden, wie wir sie darstellen, wären sie reine Säugetiere – halb Mensch und halb Meeressäuger.

Das einzige, was etwas verwirrend ist, sind die schuppenbesetzten Flossen. Meeressäuger, wie Wale und Delfine, haben keine Schuppen. Ich denke, hier überkreuzt sich die Fantasie etwas mit der „biologischen Richtigkeit“. Bunte Flossen mit Schuppen sind für Meerjungfrauen einfach viel hübscher als schlichte graue Delfinflossen.

Was ist Mermaiding?

Unter Mermaiding versteht man das Schwimmen in der Delfinbewegung in einer Meerjungfrauenflosse unter Wasser. Der Mermaiding-Sport hat sich in den letzten Jahren in vielen verschiedenen Ländern ausgebreitet. Weltweit gibt es mittlerweile tausende Hobbynixen und Meermänner, die in ihrer Freizeit eine Meerjungfrauenflosse tragen.

Immer häufiger werden internationale Meerjungfrauen-Conventions und Mermaid-Treffen organisiert. Es gibt mittlerweile sogar Meerjungfrauen-Wettbewerbe und -Misswahlen. Einige Frauen und Männer üben das Mermaiding sogar beruflich aus. Dazu arbeiten sie als Entertainer, Models, Stuntfrauen/-männer, Trainer oder Flossenhersteller.

Vorbereitung aufs Mermaiding

Bevor ihr mit dem Mermaid-Spaß beginnt, solltet ihr euch kurz einige Dinge verdeutlichen. Mermaiding macht superviel Spaß, ist aber auch anstrengend. Viele Anfänger, gerade Kinder, sind vor der ersten Mermaiding-Session total aufgeregt und vergessen schnell, dass es sich beim Meerjungfrauenschwimmen um einen richtigen Sport handelt. Und nicht nur das, beim Nixenschwimmen befinden wir uns mit zusammengebundenen Beinen im Wasser. Eine gute körperliche Fitness und genügend Schwimmerfahrung sind daher eine absolute Voraussetzung für das Mermaiding. Bei Kindern empfehle ich zumindest das abgelegte Bronze-Schwimmabzeichen, bevor es mit einer Meerjungfrauenflosse ins Wasser geht. Und natürlich sollte beim Meermaiding immer eine Aufsichtsperson im Wasser dabei sein. Unfälle können immer passieren, mit und ohne Flosse.

Das Meerjungfrauenschwimmen kann für jüngere Kinder auch wunderbar als Motivation dienen, zunächst das Schwimmen richtig zu erlernen.

Das richtige Mermaid-Equipment

Wenn die Schwimmerfahrung soweit stimmt, solltet ihr euch zunächst über das richtige Meerjungfrauen-Equipment Gedanken machen. Leider sind nicht alle Meerjungfrauenflossen, die es zu kaufen gibt, auch tatsächlich gut für das Mermaiding geeignet. Manche sind effektiver als andere, aber euer Fokus sollte unbedingt auf der Sicherheit liegen. Ich gebe euch hier deshalb einige Tipps, worauf ihr beim Kauf einer Meerjungfrauenflosse unbedingt achten solltet.

Monoflossen

Die Monoflosse, auch Monofin, ist eine Spezialform der klassischen Schwimmflosse und der zentrale Bestandteil einer jeden Meerjungfrauenflosse. Der wesentliche Unterschied zu anderen Schwimmflossen besteht in dem aus einem Stück geformten Flossenblatt. Beide Füße werden dabei an diesem einen Flossenblatt fixiert und ermöglichen so das Schwimmen in einer wellenartigen Delfinbewegung.

Die in jede Meerjungfrauenflosse eingebaute Monoflosse ist ihr wichtigster Bestandteil, ihr solltet deshalb beim Kauf ganz besonders auf ihre Qualität achten:

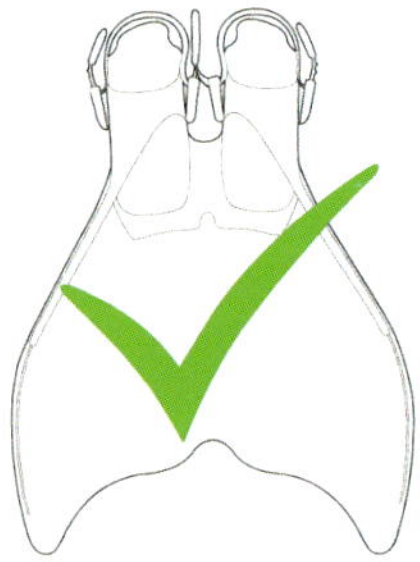

- Eine gute Monoflosse sollte immer aus **zwei separaten Fußtaschen** mit genügend Platz dazwischen bestehen, sodass die Knöchel unter keinen Umständen aneinander reiben können. Dies könnte beim Schwimmen zu Schmerzen und gefährlichen Unterbrechungen in der Konzentration führen.

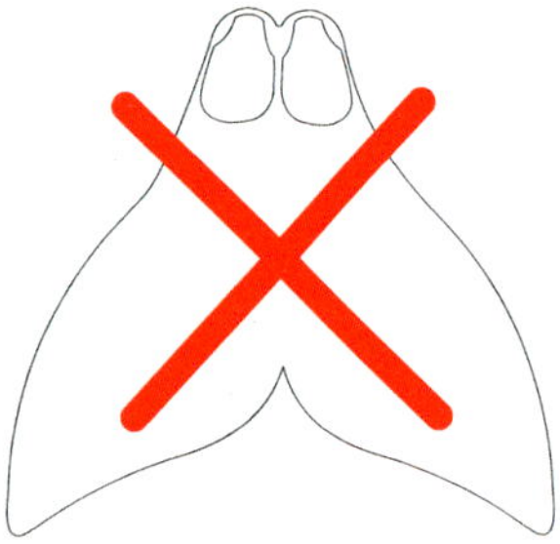

- Zusätzlich zu den separaten Fußtaschen sollte jede Fußtasche auch ein **eigenes Fersenband** besitzen. Manche Monoflossen kommen mit einem Band, welches dann über beide Fersen gezogen wird. Meine Schüler und ich haben diese Modelle getestet und festgestellt, dass man bei dieser Variante in der Regel nach nur wenigen Flossenschlägen aus der Flosse herausrutscht. Das wird schnell nervig, kann aber unter gewissen Umständen auch gefährlich werden.

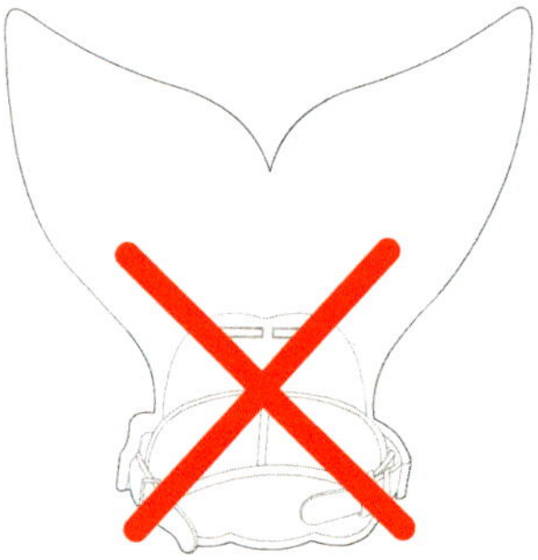

- Manche Monoflossen haben **verstellbare Fersenbänder**, wohingegen andere eine festeingestellte Größe haben. Ich persönlich rate dazu, eine Monoflosse mit größenverstellbaren Fersenbändern zu wählen, weil dann das Herausrutschen aus der Flosse so gut wie ausgeschlossen ist und es auch keine Probleme gibt, wenn eure Füße noch wachsen. Ich besitze unter anderem auch eine professionelle Monoflosse fürs Apnoetauchen, die nicht größenverstellbar ist. Die Größe passt wunderbar und ich rutsche auch nicht heraus, ich bekomme aber jedes Mal üble Blasen, wenn ich diese Monoflosse benutze, weil das Material auf der Haut scheuert.

- Die Fußtaschen bestehen in der Regel aus Gummi, da sich dieses Material gut an die Form der Füße anpasst. Gleichzeitig ist es hart genug, um die Kraft der Beinbewegungen in das Flossenblatt zu übertragen.

- Es ist wichtig, dass die Fußtaschen in einer Art **Verlängerung in das Flossenblatt** übergehen. Die direkte und vollständige Verbindung der Fußtasche mit dem Flossenblatt sorgt dafür, die Power der Bewegung in die Monoflosse zu übertragen. Sitzen die Fußtaschen zum Beispiel auf dem Flossenblatt obenauf, geht die Effizienz der Schwimmbewegung und das Prinzip des Monoflossen-Schwimmens verloren.

Safety first!

- Manche Monoflossen-Designs haben zwei Löcher in einem Gummi- oder Stoffbezug, der über die Flosse gezogen wird. Diese Löcher sollen als „Fußtaschen" dienen. Meine Nixentrainer und ich haben verschiedene Modelle getestet und sind zu dem Fazit gekommen, dass diese Form der Monoflosse nicht zu empfehlen ist. Wenn Fußtaschen und Flossenblatt nicht direkt und fest miteinander verbunden sind, geht die Kraft der Schwimmbewegung verloren und die Füße stoßen beim Schwimmen nur an das eingelegte Flossenblatt an. Füße und Flossenblatt arbeiten somit eher gegeneinander als zusammen.

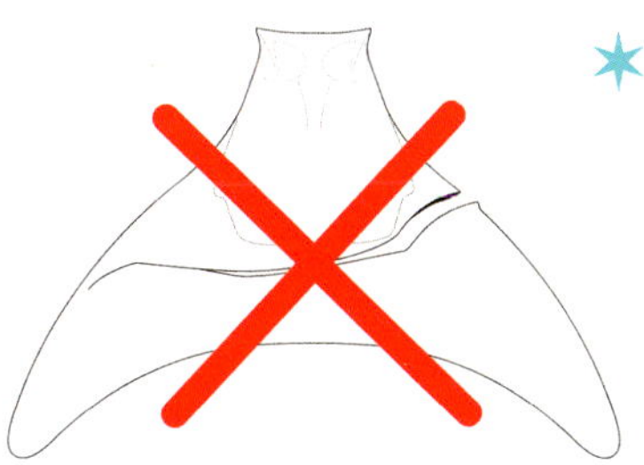

- Auch das Material der Flosse ist wichtig. Das Flossenblatt sollte aus einem **harten Plastik, aus Karbon oder einem Glasfasergemisch** bestehen und **im Wasser elastisch** sein. Materialien wie Gummi oder Plexiglas sind für das Flossenblatt nicht geeignet, da Gummi zu elastisch ist und Plexiglas beim Schwimmen brechen kann.

Meerjungfrauenflossen

STOFF

Für Kinder und für Anfänger sind Meerjungfrauenflossen aus Stoff ideal. Bei dieser Flossenart wird die integrierte Monoflosse einfach mit einem Stoff überzogen, der bis zum Bauch hochgezogen wird und somit optisch für den Meerjungfrauen-Look sorgt.

Stoff-Flossen sind **leicht und gut zu transportieren** und lassen sich somit wunderbar ins Schwimmbad oder in den nächsten Urlaub mitnehmen. Man kann Stoff-Flossen fertig kaufen oder selbst schneidern. Wichtig ist in beiden Fällen darauf zu achten, dass eine gute Monoflosse verwendet wird.

- Achtet darauf, dass der **Stoff nicht zu dünn** ist, denn sonst wird er im nassen Zustand schnell durchsichtig.

- Ideal sind **Stoffbezüge mit einem Reißverschluss**, durch den die Monoflosse herausnehmbar ist. Es ist nicht ideal, wenn die Monoflosse eingenäht ist, da sich dann beispielsweise nach einem Strandbesuch Sand nur schlecht entfernen lässt. Manche Designs haben eine nichtverschließbare Öffnung, um die Monofin herauszunehmen. Wenn der Stoff nach einer Weile etwas ausleiert, kann dies aber unschön aussehen, da dann die Monoflosse sichtbar wird.

- Möchtest du dir einen Stoffbezug selbst schneidern, kannst du entweder ein geeignetes Stoffmuster nehmen oder einen schlichten Stoff mit wasserfester Farbe individuell bemalen.

Einen Nachteil haben Stoff-Flossen jedoch: Bei Benutzung, vor allem im Schwimmbad, kann der Stoffbezug Löcher bekommen. Wie schnell und wie groß die Löcher sind, ist von verschiedenen Faktoren abhängig, wie zum Beispiel der Stoffdicke, der Oberfläche des Poolbeckens und dem Umgang mit der Flosse. Es ist aber wichtig, den Kontakt zu rauen, harten oder scharfkantigen Untergründen so gut es geht zu vermeiden.

Das beschädigte Material kann aber in vielen Meerjungfrauen-Shops, auch im Mermaid Kat Shop, einzeln nachgekauft werden.

NEOPREN

Das Schwimen in Neoprenflossen sollte geübt sein. Ich empfehle sie nur für Erwachsene mit ausreichend Erfahrung im Mermaiding.

- Der **große Auftrieb** sorgt dafür, dass die Flosse immer zur Wasseroberfläche strebt. Das ist nicht nur anstrengend, es kann auch **gefährlich** werden, wenn die Füße und Beine an der Wasseroberfläche sind, der Kopf aber unter Wasser.

- Meine erste selbstgebaute Meerjungfrauenflosse bestand aus einer Monoflosse und einem Neoprenbezug, den ich selbst mit Latexfarbe bemalt habe. Um mit ihr eine gewisse Zeit unter Wasser bleiben zu können, musste ich mir immer 3 kg Bleigewichte um meine Knöchel schnallen. Das ist unbequem, schränkt die Bewegungsfreiheit ein und erfordert zusätzliche Kraft für die Bewegungen.

- Neopren ist auch **nicht so dehnbar** wie andere Materialien. Daher muss die Passform schon gut an die eigenen Körpermaße angepasst sein. In der Regel werden Neoprenflossen mit einem Reißverschluss versehen, der in den meisten Fällen auf der Rückseite angebracht wird. Um in eine Neoprenflosse hineinzukommen benötigt man dementsprechend immer jemanden, der einem hilft, die Flosse zu verschließen. Aus eigener Erfahrung kann ich sagen, dass es kein angenehmes Gefühl ist, irgendwo auf dem Bauch zu liegen und drauf zu warten, dass jemand die Flosse am Po zusammenzieht, um den Reißverschluss hochziehen zu können. Gerade an Stränden und anderen öffentlichen Plätzen zieht man als Meerjungfrau schnell die Aufmerksamkeit auf sich und leider gibt es auch viele respektlose Menschen, die auch während eines solchen Momentes Fotos machen.

Neoprenflossen kann man kaufen oder selbst herstellen. Manchmal sind sie bemalt oder mit Glitzerschuppen bestickt. Ich hatte im Laufe der Zeit auch Neoprenflossen, die mit anderen Farben bemalt oder mit Glitzerschuppen bestickt waren.

Auch aus Umweltschutzgründen bin ich kein Fan von bestickten oder beklebten Neoprenflossen. Bestickte oder beklebte Strass-Steinchen oder Schuppen lösen sich manchmal von der Flosse und hinterlassen beim Schwimmen im Meer dann „Müll", der die Meeresbewohner gefährden kann.

Wenn du dich für eine Neoprenflosse entscheidest, beachte bitte folgendes: Je dünner das Neopren ist, desto weniger Auftrieb wirst du haben und desto einfacher ist es, mit der Flosse zu schwimmen. Ich empfehle eine Neoprendicke von 1–2 mm. Suche dir möglichst eine Neoprenflosse, die keinen Reißverschluss hat und vermeide Flossen, die mit Strass oder Schuppen beklebt oder bestickt sind. Eine Neoprenflosse kostet etwa 250–1000 Euro.

LATEX

Es gibt Meerjungfrauenflossen, die – abgesehen von der Monoflosse – komplett aus Latex bestehen oder mit anderen Materialien kombiniert werden.

Zu Beginn meiner Zeit als Meerjungfrau habe ich zwei Flossen aus Neopren und Latex angefertigt. Dazu schneiderte ich den Flossenbezug aus Neopren und bemalte ihn dann mit Latexfarbe. Bei meiner ersten Flosse benutzte ich schwarze Latexfarbe, die ich fertig gekauft hatte. Für meine zweite Wunschfarbe habe ich dann rote Pigmente in weiße Latexfarbe gemischt. Nachdem ich eine erste Schicht Latex auf das Neopren aufgetragen hatte, tropfte ich dann in mehreren Schichten Latex darauf, um ein Schuppenmuster zu erzielen.

Der Effekt war super, die Oberfläche war uneben und erinnerte stark an das Schuppenmuster von Fischen.

Nachdem ich die Flosse einige Male im Wasser benutzt hatte, begann die Latexfarbe jedoch abzugehen. Ich konnte die Flosse nicht mehr anfassen, ohne danach flüssiges Latex an meinen Händen zu haben. Die gesamte Flosse wurde so **klebrig**, dass ich sie und die Tasche, in der ich sie transportierte, letztlich schweren Herzens wegwerfen musste.

Ich startete einen zweiten Versuch und kreierte eine Leopard-Drückerfisch-Flosse – mein Lieblingsfisch. Ich dachte, der vorherige Misserfolg habe daran gelegen, dass ich die Pigmente in das Latex eingemischt hatte. Dieses Mal bestellte ich schwarzes, weißes und gelbes Latex direkt vom Händler. Ich nutze die gleiche Technik wie zuvor und war überglücklich über das Ergebnis. Leider wurde auch diese Flosse nach kurzer Zeit klebrig und war nicht mehr zu gebrauchen.

Seither habe ich nie wieder Latex für Meerjungfrauenflossen benutzt und habe auch beobachtet, dass viele Flossenhersteller, die zuvor Latexflossen angeboten hatten, diese nun nicht mehr anbieten. Ich schätze einfach, dass ich nicht die einzige war, die mit Latex schlechte Erfahrungen gemacht hat. Chlor, Salz, Sonne, Sonnencreme und so weiter, sind schon eine harte Belastung für jedes Material und Latex kann dem einfach nicht standhalten.

Das Schwimmen im Meer mit einer Flosse, die sich quasi „auflöst" kann auch für die Umwelt schädigend sein, da kleinste Farb- und Latexpartikel in die Wasserwelt gelangen können.

SILIKON

Die Silikonflosse ist sozusagen **der „Ferrari" unter den Meerjungfrauenflossen**.

Jede Nixe und jeder Meermann träumt davon, eine Silikonflosse zu besitzen. Sie sehen superrealistisch aus und werden zum Beispiel auch in Filmen verwendet. Jede Schuppe hebt sich dabei von der anderen ab und lässt dich einfach richtig echt aussehen.

Wird die Flosse an Land getragen, **nimmt sie die Körpertemperatur an** und wirkt somit, speziell auf Kinder, umso echter.

Da Silikon einen neutralen Auftrieb hat, also weder schwimmt noch sinkt, ist es **das ideale Material für Meerjungfrauenflossen**. Eine Silikonflosse wiegt im Durchschnitt zwischen 8 und 15 kg. Das Posieren mit einer solch schweren Flosse an Land kann daher schnell zu einer Herausforderung werden und auch das Verreisen mit einer solchen Flosse wird etwas komplizierter. Im Wasser spürt man das Gewicht jedoch nicht und kann unbeschwert durchs Wasser gleiten.

Silikonflossen sind in der Regel in Handarbeit gefertigt und daher individuell. Ich persönlich lege viel Wert darauf, dass all meine Silikonflossen Unikate sind und einen gewissen Wiedererkennungswert besitzen. Manche Hersteller bieten vielleicht nur zwei oder drei verschiedene Schwanzflossen-Designs an und wenn viele Nixen eine Flosse mit der gleichen Schwanzflosse bestellen, verliert man so trotz unterschiedlicher Farben schnell die Individualität.

Beim Kauf einer Silikonflosse sollte natürlich auf eine gute integrierte Monoflosse geachtet werden. **Das Silikon sollte hautverträglich sein**, idealerweise eines, das auch in der Medizin zum Einsatz kommt. Silikone wie zum Beispiel Bausilikon sind für Meerjungfrauenflossen nicht geeignet, da sie der Nixe und auch der Umwelt schaden könnten.

Es gibt Flossen, bei denen jede Schuppe einzeln angebracht wird, und Flossen, bei denen man an den Seiten leichte Nähte sieht. Je nach Budget kannst du deine Silikonflosse mit angebrachten Seitenflossen und einer Rückenflosse gestalten. Auch Glitzer kann bei Silikonflossen wunderbar verarbeitet werden, da dieses fest vom Silikon umschlungen ist und sich somit im Meer nicht lösen und dort Schaden anrichten kann.

Im Idealfall besteht die Flosse nur aus Silikon und einer Monoflosse. Hat die Silikonflosse eine Innenschicht aus einem anderen Material, wie beispielsweise Neopren, geht der schwimmerische Effekt des Silikons verloren und die Flosse sieht nur noch optisch toll aus.

Das tolle an Silikonflossen ist auch, dass sie **sehr dehnbar** sind. Ich habe mehrere Meerjungfrauen, die in Deutschland und Australien für mich arbeiten. Ich rotiere gerne meine Silikonflossen unter meinen Nixen und größentechnisch gibt es eigentlich keine Probleme, auch wenn die Maße nicht bei jeder Nixe übereinstimmen. Ist die Flosse etwas zu klein, ist das in der Regel kein Problem. Sie sollte nur nicht wesentlich zu groß sein, da sie sonst beulen schlägt, was unrealistisch aussieht und beim Schwimmen nicht ideal ist.

Reine Silikonflossen kann man ab etwa 1800 Euro kaufen. Nach oben hin gibt es je nach Gestaltung kaum eine Grenze. Wer eine Silikonflosse selbst bauen möchte, ist mit etwa 1200 Euro an Materialkosten dabei, wenn der erste Versuch erfolgreich ist. Zuerst müssen Formen für Schuppen, Schwanzflosse und eventuelle Seitenflossen aus Ton designt werden. Dann müssen von diesen Abdrücke genommen werden, um die Gießformen zu bauen. Die Monoflosse muss präpariert werden, sodass das Silikon sich später mit ihr verbindet und vieles mehr. Der Bau einer Silikonflosse kann mehrere Wochen oder sogar Monate in Anspruch nehmen. Man benötigt viel Platz, klimatisierte Arbeitsräume und viel Geduld. Oft klappt der erste Selbstversuch auch nicht so, wie man es sich vorgestellt hat und man hat dann viel Zeit und Geld in den Sand gesetzt. Ich selbst habe etwa vier Test-Silikonflossen hergestellt, bevor ich letztlich mit dem Ergebnis komplett zufrieden war – und ich habe regelmäßig neue Ideen zur Verbesserung.

Ich selbst benutze Silikonflossen für meine Arbeit auf Events und bei der Unterwasser-Stuntarbeit. Sie sehen einfach unglaublich toll aus und sind ideal zum Schwimmen geeignet. Bevor man sich eine Silikonflosse anschafft, sollte man jedoch erst einmal das Schwimmen in einer Monoflosse oder Stoff-Flosse geübt haben.

Die richtige Größe für meine Meerjungfrauenflosse

Wenn du einen Nixenschwanz kaufen möchtest, achte am besten auf die **Größenvorgaben des jeweiligen Herstellers**. Viele haben eine Größentabelle als Hilfestellung.

Bei STOFF-FLOSSEN und SILIKONFLOSSEN ist wichtig, dass diese nicht zu groß sind. Da der Stoff beziehungsweise das Silikon dehnbar sind, sollten diese auf jeden Fall **eng anliegen** und gegebenenfalls sogar etwas **auf Spannung sitzen**, um ein „Herumschlabbern“ im Wasser später zu vermeiden. Da Stoff und Silikon so flexibel sind, können diese Flossen auch getragen werden, wenn man noch etwas wächst oder zunimmt.

NEOPREN und LATEX sind nicht so flexibel und daher müssen die Maße bei diesen Flossen genauer passen. Diese Flossen sollten **genau auf deine individuellen Maße angefertigt** werden, damit sie später nicht zu groß oder zu klein sind.

Monoflosse und Bezug richtig zusammensetzen

Das Zusammensetzten eines Meerjungfrauenschwanzes kann je nach Anbieter unterschiedlich sein. Die Stoff-Flossen in meinem Shop haben zum Beispiel einen Reißverschluss, der auf Wadenhöhe beginnt und an der Seite entlang bis zum Flossenende reicht. Durch diesen lässt sich die Monoflosse ganz leicht einsetzten und entfernen, man muss sich nur entscheiden, ob man den Reißverschluss links oder rechts haben möchte. Eine Videoanleitung hierzu findest du im YouTube-Kanal des Mermaid Kat Shops.

Andere Anbieter haben beispielsweise eine große Öffnung zwischen den beiden „Zipfeln" am Flossenende. Durch diese Öffnung kann die Monoflosse eingesetzt werden und die beiden äußeren Zipfel werden dann über die Kanten der Monoflosse gezogen.

Bei Latex-, Neopren- und Silikonflossen ist die Monoflosse meist fest integriert und kann nicht herausgenommen werden.

Wie transportiere ich die Flosse?

Eine Meerjungfrauenflosse zu transportieren, ist nicht immer einfach. Viele Stoff-Flossen kommen mit einer dazugehörigen Tragetasche.

Das Transportieren von Silikonflossen hingegen ist etwas umständlicher. Ich habe diverse Monofin-Taschen getestet, finde aber, dass diese aufgrund des Gewichts der Flosse nicht immer ideal sind. Monofin-Taschen werden meistens als Rucksack getragen und mit einer 15 kg Flosse kann das ganz schön schwer werden. Derzeit nutze ich den Mares Backpack Pro. Eigentlich ist sie eine Tauchtasche, sie ist jedoch groß genug für meine Silikonflossen und dank ihrer Rollen auch leicht zu transportieren.

Vielleicht findest du aber auch einen anderen Koffer, der groß genug ist, um deine Silikonflosse zu transportieren. Achte nur darauf, dass du **die Spitzen der Schwanzflosse nicht zu stark umklappst** und somit zu viel Druck und Spannung auf die Flosse bringst.

Wenn du deine Flosse mit in den Urlaub nehmen möchtest, empfehle ich dir, Sport-Equipment/Tauch-Equipment extra zu buchen, damit du keine Probleme mit dem Gewicht bekommst.

Wie ziehe ich eine Flosse richtig an und aus?

Auch das **Anziehen** einer Meerjungfrauenflosse unterscheidet sich je nach Flossenart und Anbieter.

Zuerst einmal ist wichtig zu wissen, dass man mit einer Meerjungfrauenflosse nicht laufen kann. Auch **Hinstellen oder Hüpfen sollte vermieden werden**, da man schnell hinfallen oder die Flosse beschädigen kann. Man sollte die Flosse also am besten gleich dort anziehen, wo man hinterher sein möchte, also zum Beispiel direkt am Beckenrand eines Pools, um dann von dort aus ins Wasser gleiten zu können. Bei Fotoshootings oder Events kann man sich vielleicht nicht immer dort umziehen, wo man danach sitzen oder schwimmen soll. In diesem Fall braucht man jemanden, der einen trägt, oder einen Rollstuhl oder Bollerwagen, in dem man hin und her transportiert werden kann. Man kann zwar auf dem Po und mit Hilfe der Arme etwas

umherrobben, wirklich schnell ist man aber nicht unterwegs und elegant sieht man dabei leider auch nicht aus. Man kann eine Meerjungfrau diesbezüglich gut mit einem Pinguin vergleichen: An Land sind sie etwas unbeholfen und tollpatschig, im Wasser dafür aber umso eleganter.

Bei allen Meerjungfrauenschwänzen sollte man zuerst eine **weiche Unterlage**, wie Beispielsweise ein Handtuch oder eine Yogamatte unterlegen, um das Material der Flosse zu schonen.

Bei STOFF- UND NEOPRENFLOSSEN braucht man weiter keine Vorbereitung zu treffen und kann gleich damit beginnen, die Füße in die Fußtaschen zu bringen. Bei Stoff-Flossen kann man den Stoffbezug zuvor ganz nach unten über die Fußtaschen schieben, um besser an die Fußtaschen heranzukommen. Da Neoprenflossen üblicherweise einen Reißverschluss an der Rückseite haben, kann man auch hier das Neopren umklappen, um somit die Fußtaschen besser erreichen zu können.

Je nach Design einen Fuß in die Tasche setzten und dann das Fersenband über die Ferse ziehen und festziehen, bis der Fuß fest fixiert ist. Das gleiche mit dem anderen Fuß wiederholen.

Danach wird der STOFFBEZUG nach oben bis über den Po gezogen. Es ist ähnlich wie eine Hose anzuziehen, nur dass der Bezug über beide Beine gleichzeitig geht. Wichtig ist, dass man beim Anziehen nicht aufsteht, denn man verliert leicht das Gleichgewicht. Um die Flosse über den Po zu ziehen kann man entweder von Seite zu Seite rollen oder sich auf den Rücken legen und den Po anheben.

Bei NEOPRENFLOSSEN muss man sich auf den Bauch rollen und von einer Hilfsperson den Reißverschluss schließen lassen. Das Neopren muss dabei normalerweise leicht zusammengezogen werden, damit sich der Reißverschluss schließen lässt. Aus eigenen Erfahrungen kann ich sagen, dass dieses nicht wirklich angenehm ist, besonders nicht, wenn andere Personen dabei anwesend sind.

Eine SILIKONFLOSSE anzuziehen ist etwas komplizierter. Das Silikon ist bremsend, daher benötigt man ein Gleitmittel, um hereinzukommen. Von anderen Nixen weiß ich, dass sie teilweise Haarspülung oder Babyöl benutzen. Ich persönlich bevorzuge natürliche Öle wie Olivenöl, Kokosöl oder ähnliches. Sie sind gut für die Haut und zudem schädigen sie die Umwelt nicht, wenn man im Meer oder See schwimmt.

Nachdem du deine Beine eingeölt hast, befeuchte sie mit etwas Wasser. Stecke dann das erste Bein in die Flosse hinein und ziehe das Fersenband mit deiner Hand hoch, bis der Fuß richtig sitzt. Leider kann man Silikonflossen nicht komplett herunterkrempeln, sodass man eher erfühlen muss, was in der Flosse vor sich geht. Nachdem der erste Fuß fest und sicher in der Fußtasche ist, wiederhole das gleiche mit dem zweiten Fuß. Um die Flosse nun hochziehen zu können, nutze ein Handtuch, um Wasser und Öl gründlich von deinen Händen zu entfernen. Hast du noch Öl an deinen Händen, wird dir die Flosse durch die Hände gleiten und du bekommst keinen sicheren Griff.

Beim Hochziehen ist es wichtig, dass du nur deine flachen Hände benutzt und niemals deine Fingernägel oder andere scharfe Gegenstände. Ich persönlich finde es einfacher, wenn man den oberen Rand der Flosse umklappt, das ist jedoch nicht bei jedem Design möglich.

Fange an, die Flosse soweit es geht nach oben zu ziehen – auf beiden Seiten gleichmäßig – und vermeide es, zu sehr an einer Stelle oder angebrachten Extraflossen zu ziehen. Lege dich zu guter Letzt auf den Rücken, hebe deinen Po an und ziehe die Flosse über den Po, bis sie richtig sitzt.

Das **Ausziehen** einer Meerjungfrauenflosse ist einfacher als das Anziehen. Stoff-Flossen und Silikonflossen können einfach heruntergezogen werden. Eine Neoprenflosse mit Reißverschluss kann üblicherweise im Wasser selbst geöffnet werden.

Drücke das Fersenband mit dem Daumen herunter und schlüpfe aus der Monofin, als würdest du aus einem Schuh herausschlüpfen.

Aus Sicherheitsgründen sollte das Ausziehen der Flosse vorerst mehrfach an Land geübt werden, bevor die Flosse im Wasser genutzt wird.

Als Erstes ...

1.

2.

So ziehst Du dann eine **Stoff-Flosse** weiter an ...

3.

4.

5.

6.

Und so fährst Du mit einer **Silikonflosse** fort …

3.

4.

5.

6.

7.

8.

9.

10.

Mit der Flosse im Wasser

Wenn du nun in deiner Flosse bist, kann es endlich mit dem Schwimmen losgehen.

Normalerweise schwimmen Meerjungfrauen unter Wasser. Die Oberfläche ist jedoch der Ort, an den wir immer wieder zurück müssen, um Luft zu holen. Daher rate ich dir, zuerst einmal das Schwimmen an der Wasseroberfläche zu üben. Meine Meerjungfrauenschüler und ich sind gleichermaßen der Meinung, dass das Schwimmen an der Oberfläche mit zusammengebundenen Beinen schwerer ist, als wenn man beide Beine unabhängig nutzen kann.

Übe zunächst das BRUSTSCHWIMMEN. Bewege dazu deine Arme wie beim normalen Brustschwimmen. Deine Beine kannst du etwas anziehen und weg strecken, um mit ihnen die Schwimmbewegung zu unterstützen.

Eine weitere Möglichkeit des Schwimmens an der Oberfläche ist das Schwimmen auf dem RÜCKEN. Hierbei ist es wichtig, sich wie ein Brett auf das Wasser zu legen und zu versuchen, mit dem Becken an die Wasseroberfläche zu kommen. Damit der Po nicht durchhängt, lege deinen Kopf etwas in den Nacken und schaue an die Decke oder in den Himmel.

Du kannst auch AUF DER SEITE schwimmen. Ich nutze meine Arme, um bei der Schwimmbewegung zu helfen und mit dem Kopf über Wasser zu bleiben. Bei dieser Art des Oberflächenschwimmens ist es wichtig, dass du eine große Wellenbewegung mit deiner Flosse schlägst.

Du musst nicht in allen drei Oberflächenstilen perfekt sein, aber eine solltest du auf jeden Fall sicher beherrschen, bevor du mit dem Mermaiding unter Wasser beginnst.

ABTAUCHEN

Um überhaupt erst einmal bestmöglich unter Wasser zu gelangen, übst du am besten erst einmal den sogenannten **„Duck-Dive"**, das ist englisch für „Enten-Tauchgang". Oben findest du dazu auch eine Grafik. Hole dazu tief Luft und gleite mit etwas Schwung kopfüber hinab. Knicke dabei in der Hüfte zusammen und strecke dich danach so gerade wie möglich nach oben, damit du möglichst senkrecht nach unten gleitest. Die Arme sollten dabei nach vorne gestreckt sein.

Einige Menschen haben von Natur aus mehr Auftrieb als andere. Solltest du trotz einer tollen und schwungvollen Kopfüberbewegung Probleme haben hinunter zu kommen, dann hilf mit den Armen nach. Mache dazu einen großen Armzug, wie beim Brustschwimmen. Sobald deine Flosse auch unter Wasser ist, kannst du mit dieser nachhelfen und dich weiter unter Wasser fortbewegen.

Etwas fortgeschrittener ist das **Rückwärts-Abtauchen**. Dieses kannst du besonders gut als kleine Showeinlage präsentieren. Schwimme dazu zunächst auf dem Rücken an der Oberfläche. Schwinge deine Arme dann gleichzeitig nach hinten und lege deinen Kopf in den Nacken. Schlage mit der Flosse und tauche dann steil rückwärts unter Wasser. Versuche wirklich, deinen Kopf in den Nacken zu legen. Sieh dazu einfach so weit wie möglich nach hinten, bis du die Wand des Schwimmbades hinter dir sehen kannst. Wenn du beim Rückwärtsabtauchen dein Kinn in Richtung Brust positionierst, wirst du beim Abtauchen Probleme haben.

KÖRPERBEWEGUNG

Das Mermaiding unter Wasser ist wesentlich leichter als das Meerjungfrauenschwimmen an der Oberfläche. Die Meerjungfrauenbewegung ist im Prinzip eine Ganzkörperbewegung, die sich wie eine Welle vom Oberkörper bis in die Füße zieht und somit die Kraft ideal auf die Monoflosse überträgt.

Um das Prinzip der MEERJUNGFRAUENBEWEGUNG zu üben, stelle dich an eine Wand und rolle deinen gesamten Vorderkörper von oben nach unten an der Wand entlang. Drehe dich danach um und rolle deinen Rücken von oben nach unten an der Wand entlang. Es ist wichtig, auch das Hohlkreuz für einen Moment richtig rund zu machen. Stelle dir dann vor, dass du zwischen zwei Wänden stehst und rolle nun sowohl deine Vorderseite als auch deine Rückseite an diesen beiden Wänden entlang. Lockere alles etwas auf, bis es sich wie eine richtige Wellenbewegung anfühlt.

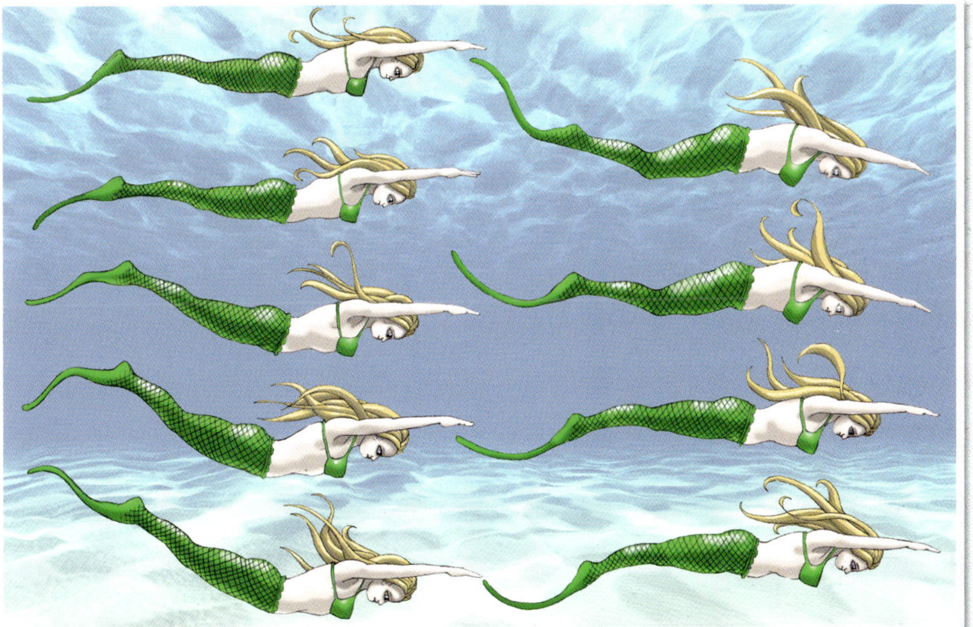

Wenn du im Pool schwimmst, kannst du manchmal die Linien der Fliesen dazu nutzen, dir vorzustellen, dass du deinen Körper an ihnen entlangrollst.

Wichtig ist, dass sich **die Knie nur ganz leicht beugen**. Denke daran, dass echte Meerjungfrauen keine Knie haben, sie sollten also wirklich nur ganz leicht gebeugt werden.

Manchmal kommt es vor, dass Anfänger beim Schwimmen ihre Knie sehr stark anziehen und ausstrecken und keine Bewegung im Oberkörper stattfindet. Dies sieht etwa so aus, als würde man eine Ziehharmonika auseinanderziehen und zusammendrücken. Es sieht nicht schön aus und man gleitet mit dieser Bewegung auch nicht durchs Wasser, sondern kommt kaum voran. Denke daran, dass die meiste Bewegung im Oberkörper stattfinden soll. Die Bewegung sollte letztlich so aussehen, als würdest du durchs Wasser tanzen und nicht das Wasser treten.

Armhaltung und Armbewegung

Als Meerjungfrau kann man verschiedene Dinge mit seinen Armen machen. Wer einmal „Ariel" gesehen hat weiß, dass man seine Arme einfach **entspannt an den Seiten lassen** kann.

Im Gegensatz zu Ariel schwimmen die Nixen bei „H2O – Plötzlich Meerjungfrau" mit ihren Armen **nach vorne gestreckt**. Bei dieser Variante sollte man die Arme soweit es geht nach vorne strecken, bis man seine Ohren zwischen den Armen hat. Die Arme dienen nun quasi als Verlängerung des Körpers. Die Wellenbewegung fängt somit nun in den Händen an und zieht sich von dort aus durch den gesamten Körper.

Wenn man beim Mermaiding fotografiert oder gefilmt wird, kann man die Arme natürlich etwas senken, sodass diese nicht das Gesicht verdecken. Denke beim richtigen Training jedoch daran, sie weit nach vorne zu strecken.

Auch die Handbewegung sollte nicht zu sehr übertrieben werden und nicht in einem anderen Rhythmus als die restliche Körperbewegung stattfinden.

Hilfsmittel

RINGE

Sinkende Ringe sind ideal als Abtauchhilfe geeignet. Sie helfen dir dabei, dich zu fokussieren und abzutauchen. Zusammen mit Freunden könnt ihr mehrere Ringe auf einmal versenken und kleine Wettbewerbe veranstalten, wer es schafft, am meisten Ringe aufzusammeln. Je mehr Ringe und je tiefer das Wasser, desto mehr trainiert diese Übung auch das Luftanhalten.

REIFEN

Um das Abtauchen und Schwimmen unter Wasser zu üben, kann man sehr gut Hula-Hoop-Reifen als Hilfsmittel nutzen. Da diese jedoch nicht unter Wasser stehen bleiben, muss man sie erst beschweren. Ich nutze dazu einfach weiche Gewichte, die eigentlich für Aerobic gedacht sind und um die Beine geschnallt werden können.

Wenn der Reifen am Grund fixiert ist, hilft er dabei, sich auf ein Ziel zu konzentrieren und dieses zu fokussieren. Es ist wichtig, den Ring mittig anzuschwimmen, um komplett hindurchschwimmen zu können, ohne mit der Flosse hängen zu bleiben. Da dich deine Flosse länger macht, als du es gewohnt bist, solltest du immer noch zwei bis drei Flossenschläge mehr machen, auch wenn du meinst, du seist schon komplett durch den Ring hindurchgeschwommen. Man sollte auf keinen Fall unter Wasser anhalten und sich umdrehen, um zu sehen, ob die Flosse durch den Ring durch ist. Das Geheimnis besteht darin, einfach weiterzuschwimmen.

Unter Wasser schwimmen

Druckausgleich

Nachdem du Gefallen am Mermaiding unter Wasser gefunden hast, möchtest du vielleicht etwas tiefer schwimmen. Bestimmt hast du dies zuvor schon einmal versucht und gemerkt, dass bei einer bestimmten Tiefe die Ohren zu schmerzen beginnen. Lass mich kurz erklären, woran das liegt.

Je tiefer du schwimmst, desto mehr Druck wirkt von außen auf deinen Körper. Da unser Körper zu einem Großteil aus Wasser besteht, bemerken wir dies in den meisten Körperteilen überhaupt nicht. Der Druck wirkt sich im Prinzip nur auf unsere Lufträume aus, also auf die Ohren, die Nebenhöhlen, die Lunge und – falls du sie benutzt – deine Schwimmbrille.

An Land (es sei denn, du bist in Bergen) haben wir 1 Bar Umgebungsdruck. In 10 m Tiefe unter Wasser herrschen 2 Bar Umgebungsdruck. Stell dir nun vor, du hältst an der Wasseroberfläche einen aufgeblasenen Luftballon. Wenn du diesen aufgeblasenen Ballon nun in 10 m Tiefe herunternimmst, wirkt nun der doppelte Druck auf ihn ein, als zuvor an der Oberfläche. Der Ballon gibt dem Druck soweit nach, wie er kann und ist nun nur noch halb so groß wie zuvor, obwohl immer noch die gleiche Menge an Luft drinnen ist.

Tiefe (m)	Druck (Bar)	Luftvolumen
0	1	1
10	2	½
20	3	⅓
30	4	¼
40	5	⅕

Unser Trommelfell ist auch ein Luftraum, also sozusagen ein kleiner Ballon, der mit Luft gefüllt ist. Wenn wir nun abtauchen, drückt der erhöhte Umgebungsdruck von außen auf unser Trommelfell. Dies dehnt das Trommelfell nach innen, was du als Schmerz wahrnimmst. Um diese Schmerzen und eventuelle Verletzungen zu vermeiden, müssen wir nun etwas Luft hinzufügen, also einen Druckausgleich vornehmen. Es ist also etwa so, als würde man einem Luftballon beim Herunternehmen unter Wasser etwas Luft hinzufügen, sodass er bei zunehmender Tiefe trotzdem die gleiche Größe beibehält.

AM ANFANG ist es wahrscheinlich am einfachsten, **die Nase zuzuhalten und dann leicht in die Nase hineinzupusten**, bis man ein Poppen in beiden Ohren verspürt hat. Viele haben am Anfang Angst davor, einen Druckausgleich auszuführen, es ist jedoch überhaupt nicht schlimm. Die meisten von uns üben zum Beispiel beim Naseputzen unbewusst einen Druckausgleich aus.

Der Druckausgleich sollte beim Abtauchen **etwa einmal pro Tiefenmeter** ausgeführt werden. Du kannst ihn aber nicht zu oft machen, keine Angst.

Wenn du zu schnell nach unten schwimmst und vielleicht einen oder zwei Druckausgleiche übersprungen haben solltest, merkst du vielleicht, dass der Druckausgleich nicht richtig funktioniert. Das liegt daran, dass der Druckunterschied zwischen dem Umgebungsdruck und dem Druck in deinem Ohr zu groß ist. Versuche auf keinen Fall, den Druckausgleich zu erzwingen. Du könntest sonst dein Trommelfell verletzten.

Wenn der Druckausgleich nicht funktioniert, hilft es meist, ein oder zwei Meter aufzutauchen und den Druckausgleich erneut zu versuchen, bevor du weiter abtauchst. Beim Gerätetauchen ist dies recht einfach, da man unter Wasser atmen kann und recht viel Zeit hat. Beim Mermaiding schwimmt man nur mit angehaltener Luft und hat daher wesentlich weniger Zeit unter Wasser. Somit ist es wahrscheinlich einfacher, komplett bis zur Oberfläche aufzutauchen und dann erneut zu starten, wenn es mit dem Druckausgleich nicht auf Anhieb klappt.

Es gibt mehrere Formen des Druckausgleichs mit zugehaltener Nase. Ich erkläre euch den Unterschied zwischen dem Valsalva- und dem Frenzel-Druckausgleich.

Der Valsalva-Druckausgleich

Der Valsalva-Druckausgleich wird von vielen von euch schon ganz automatisch ausgeführt. Dazu müssen **Nase und Mund verschlossen** sein, während man **kräftig auszuatmen** versucht. Brust- und Bauchmuskulatur werden dabei angespannt. Diese Technik kann meist ohne weiteres Training durchgeführt werden, ist für das Mermaiding und Apnoetauchen aber nicht besonders gut geeignet. Einer der Gründe dafür ist, dass dieser Druckausgleich zu lange dauert und nicht von jedem kopfüber beim Abtauchen ausgeführt werden kann. Des Weiteren wird sehr viel Luft verbraucht und viel Zeit benötigt, um beide Ohren auszugleichen. In größeren Tiefen, z.B. im Meer oder in einem See, erfordert er eine große Anstrengung im Bauch- und Brustbereich, was zu Verletzungen führen kann.

Die Frenzel-Technik

Der sogenannte Frenzel-Druckausgleich ist für das Mermaiding und Freitauchen besser geeignet, da er schneller ausgeführt werden kann und das Verletzungsrisiko geringer ist. Man benötigt jedoch etwas Training, um die Frenzel-Technik zu erlernen. **Schließe deinen Mund, halte deine Nase zu und versuche einen „K-Laut" zu erzeugen**. Durch den „K-Laut" heben sich der hintere Teil der Zunge und des Kehlkopfes. Stelle dich zum Üben vor einen Spiegel und beobachte, wie sich deine Nase „aufbläst" und sich dein Kehlkopf nach oben und unten bewegt. Sobald die Frenzel-Methode erlernt ist, kann diese Druckausgleichmethode mit wenig Anstrengung schnell und häufig hintereinander ausgeführt werden.

Wenn du dir nicht sicher bist, welche Methode du nutzt, mache folgenden Test: Stelle dich vor einen Spiegel oder bitte jemanden, dich von der Seite zu beobachten. Halte deine Nase zu und mache so schnell du kannst dreimal nacheinander einen Druckausgleich. Bewegt sich dein Kehlkopf dabei dreimal nach oben und unten und dauert alles nicht viel länger als zwei Sekunden, spricht das dafür, dass du bereits die Frenzel-Technik anwendest.

Bewegt sich dein Kehlkopf nicht, nutzt du aller Wahrscheinlichkeit nach die Valsalva-Methode.

Ich habe etwa 3–4 Tage benötigt, um die Frenzel-Methode zu erlernen. Wenn du den Dreh erst einmal raushast, wirst du beim Schwimmen gar nicht mehr darüber nachdenken.

Freihändiger Druckausgleich

Eine weitere Methode ist der freihändige Druckausgleich, der natürlich am stromlinienförmigsten ist und beim Mermaiding am elegantesten aussieht. Ich selbst nutze mehr oder weniger die gleiche Methode wie beim Frenzel-Druckausgleich, nur dass ich die Nase dabei nicht zuhalte. Ich selbst habe diese Technik auch noch nicht 100%-ig unter Kontrolle, aber ich übe fleißig. An Land oder unter Wasser, wenn ich eine Taucherbrille trage, funktioniert es wunderbar. Ohne Maske habe ich manchmal jedoch noch Probleme. Üben kannst du den freihändigen Druckausgleich, indem du quasi **ein „Gähnen" einleitest**. Bevor du das

Gähnen komplett durchführst, merkst du wahrscheinlich, wie sich Druck auf deinen Ohren aufbaut.

Egal, welche Methode du nutzt, um den Druckausgleich in deinen Ohren durchzuführen, ein Sicherheitshinweis gilt für alle: Sollte dein Druckausgleich beim Abtauchen nicht funktionieren, schwimme auf keinen Fall tiefer. Es kann sonst zu Verletzungen deines Trommelfells kommen! Beim Üben im Schwimmbad oder Pool besteht aber keine Gefahr.

Beim Auftauchen müssen wir uns um nichts weiter kümmern. Die überschüssige Luft entweicht von ganz alleine.

Nebenhöhlen

Auch unsere Nasennebenhöhlen sind Hohlräume, die beim Abtauchen ausgeglichen werden müssen. Glücklicherweise müssen wir uns hier um nichts weiter kümmern, der Druckausgleich läuft automatisch ab.

Auch beim Auftauchen passiert alles automatisch. Aber aufgepasst bei Erkältungen. Bei manchen Krankheiten schwellen die Nasennebenhöhlen an und hindern so die Luft daran, beim Auftauchen zu entweichen. Dies kann unangenehme Gefühle, Schmerzen und auch Verletzungen verursachen. Gehe daher niemals Meerjungfrauenschwimmen, wenn du krank bist.

Lunge

Was den Druckausgleich der Lunge angeht, muss man zwischen dem Gerätetauchen und dem Apnoetauchen unterscheiden – also, ob du mit einem Atemgerät tauchst oder ob du einfach die Luft anhältst.

Beim Gerätetauchen ist es wichtig, unter Wasser kontinuierlich zu atmen. Der Druckausgleich findet dann automatisch statt. Beim Gerätetauchen darf man niemals die Luft anhalten, speziell nicht beim Auftauchen. Die eingeatmete Pressluft dehnt sich bei jedem aufsteigenden Meter aus. Atmet der Gerätetaucher normal und kontinuierlich weiter, entweicht die Luft einfach. Hält der Taucher beim Aufstieg jedoch die Luft an, vergrößert sich das Volumen der sich in der Lunge befindenden Luft. Dieses

kann zu einer Lungenüberdehnung führen, die sehr gefährlich und im schlimmsten Fall sogar tödlich enden kann. Das ist auch der Grund, warum ich stark davon abrate, bei Unterwasser-Shootings von Sicherheitstauchern mit Druckluft beatmet zu werden, wenn man nicht mindestens 500 oder mehr Tauchgänge absolviert hat, eine Apnoeausbildung und zuvor zahlreiche Unterwasser-Stresstests durchgeführt hat.

Beim Abtauchen mit angehaltener Luft, so wie wir es beim Mermaiding tun, ist alles etwas anders. Hier wird die Lunge zusammengedrückt, je nachdem wie tief wir tauchen. In 10 m Tiefe haben wir den doppelten Druck wie an der Wasseroberfläche und somit würde sich das Volumen unserer Lunge halbieren. In 20 m Tiefe herrscht der dreifache Druck wie an der Oberfläche und unsere Lunge würde sich auf ein Drittel ihres Volumens verringern. Ab einer Tiefe von 30 m ist das Volumen nur noch ein Viertel und ab dann gibt es spezielle Vorbereitungsübungen, die ausgeführt werden sollten, um Verletzungsrisiken so gering wie möglich zu halten.

Beim Mermaiding schwimmen wir aber eigentlich nicht so tief und ohne eine richtige Apnoeausbildung würde ich dies auch nicht empfehlen.

Beim Auftauchen nach einem Tauchgang mit angehaltener Luft müssen wir uns, was die Lunge angeht, um nichts weiter zu kümmern. Die zuvor von der Wasseroberfläche eingeatmete Luft, die beim Heruntertauchen komprimiert wird, dehnt sich beim Auftauchen wieder proportional aus und bringt die Lunge wieder auf ihr normales Volumen zurück.

Maske und Schwimmbrille

Auch eine Schwimmbrille oder Tauchermaske ist ein Hohlraum, der beim Abtauchen ausgeglichen werden muss.

Beim Abtauchen vergrößert sich der Außendruck beziehungsweise der Umgebungsdruck. Dadurch nimmt das Innenvolumen in der Maske ab und die Maske wird gegen dein Gesicht gepresst. Das ist ähnlich, als würdest du an Land mit deiner Hand von außen kräftig gegen die Maske drücken. **Bei kleinen Tauchtiefen in Schwimmbad ist das von Vorteil, weil die Brille dann fest sitzt und kein Wasser hineingelangt.**

Bei größeren Tauchtiefen in Seen oder im Meer müssen wir den Druck aber auch in unserer Brille ausgleichen. Sonst können kleine Blutgefäße in den Augen und im Gesicht reißen und einen Abdruck der Maske auf dem Gesicht hinterlassen. Dieses nennt man auch „Masken-Barotrauma“.

Es ist jedoch einfach, dies zu verhindern und den Druck in der Maske auszugleichen. Beim Abtauchen musst du einfach ein wenig durch deine Nase ausatmen und damit Luft in die Maske füllen. Das ist der Grund, warum bei Tauchermasken die Nase immer miteingeschlossen ist.

Deshalb sind normale Schwimmbrillen für das Tauchen in tieferen Regionen auch ungeeignet, da man bei ihnen bei zunehmender Tiefe den Druck nicht ausgleichen kann. Es ist deshalb wichtig, bei Tauchgängen immer eine Maske mit eingeschlossener Nase zu nutzen oder komplett ohne Maske oder Brille zu tauchen.

Beim Auftauchen brauchst du dich um nichts weiter zu kümmern. Die von dir hinzugefügte Luft dehnt sich auf dem Weg zur Oberfläche aus und entweicht einfach aus der Maske.

✶ Masken sind gut fürs Training geeignet, da es das Wasser davon abhält, in die Nase einzudringen, und man klar sehen kann. Eigentlich benutzen Meerjungfrauen und Meermänner jedoch keine Sehhilfen unter Wasser, da dieses eher unrealistisch aussieht.

Die Luft anhalten/Apnoe

Wie atmet eine Meerjungfrau?

Wie bereits zuvor erwähnt, ist eine Meerjungfrau ein Säugetier. Das bedeutet, Nixen und Meermänner müssen zum Atmen an die Wasseroberfläche kommen. Aber natürlich kann eine Meerjungfrau ihre Luft relativ lange anhalten. Doch was ist das Geheimnis zum langen Luftanhalten?

Was passiert eigentlich beim Luftanhalten? Zuerst einmal ist es hilfreich, wenn man versteht, warum wir dieses unangenehme Gefühl haben, wenn wir unsere Luft anhalten. Die meisten denken, es läge daran, dass wir nicht mehr genug Sauerstoff in unserem Körper haben und ersticken, wenn wir nicht sofort wieder atmen. Dies stimmt jedoch nicht. Achtung, jetzt wird es kurz sehr theoretisch, aber keine Sorge, später wird nicht abgefragt!

Unser Körper schickt uns das Signal zu atmen durch einen erhöhten Gehalt an Kohlenstoffdioxid in unserem Körper. Bei einer Atemunterbrechung erhöht sich der Kohlenstoffdioxid-Teildruck im arteriellen Blut, wodurch der Atemreiz ausgelöst wird. Je länger wir die Luft anhalten, desto mehr steigt der Kohlenstoffdioxid-Partialdruck und desto stärker wird der Atemreiz.

Unser Atemreiz wird demnach also nicht durch mangelnden Sauerstoff ausgelöst, sondern durch einen erhöhten Kohlenstoffdioxid-Anteil.

Wenn der Atemreiz eintritt, haben wir jedoch immer noch genügend Sauerstoff in unserem Körper, um unsere Luft noch für eine gewisse Zeit anhalten zu können. Wir müssen uns daher einfach an dieses unangenehme Gefühl und eine erhöhte Kohlenstoffdioxid-Konzentration im Körper gewöhnen. Durch regelmäßiges Training kann man das Einsetzen des Atemreizes verzögern, ganz abtrainieren kann man ihn jedoch nicht.

Wie kann ich meinen Atem länger anhalten?

Um als Meerjungfrau möglichst lange unter Wasser schwimmen zu können, ist es sehr hilfreich, möglichst lange die Luft anhalten zu können. Ich erkläre dir deshalb hier, wie du es schaffen kannst, deinen Atem etwas länger anzuhalten. Du kannst das Luftanhalten wunderbar alleine im Trockenen üben. Im Wasser muss aber unbedingt jemand dabei sein! **Übe das Luftanhalten niemals allein im Wasser**. Es ist sehr wichtig, dass jemand da ist, um dir helfen zu können, falls irgendetwas passiert!

Der Schlüssel zum Erfolg heißt: Entspannung. Um dich darauf vorzubereiten, länger die Luft anzuhalten (im Fachjargon auch „Breathhold“ genannt, von Englisch „breath“ für Atem und „hold“ für Anhalten), legst du dich am besten entspannt auf eine Yogamatte oder du setzt dich in eine meditative Pose, zum Beispiel in den Schneidersitz. Wichtig ist, dass sich dein Oberkörper öffnen kann und nicht zusammenfällt.

Be a mermaid
and make waves!

Lockere alle Muskeln in deinem Körper, entspanne dich und versuche, dich auf deine Bauchatmung zu konzentrieren. Lege dazu eine Hand auf deinen Bauch und **spüre, wie sich dein Bauch beim Einatmen hebt und beim Ausatmen senkt**. Wiederhole dies etwa zehn Mal.

Wenn du etwas fortgeschrittener darin bist, kannst du diese Übung erweitern. Lege dazu ein **leichtes Gewicht** auf deinen Bauch und **atme bewusst gegen dieses Gewicht an**. Dies trainiert deine Atemmuskeln und entspannt nicht nur deinen Körper, sondern auch deinen Geist.

Beim sogenannten **„Abatmen“**, der Vorbereitung auf einen Breathhold, sollte die Ausatemphase etwa doppelt so lang sein wie die Einatemphase. Ich zähle beim Einatmen bis 5 und beim Ausatmen bis 10. Vielleicht passt dieser Rhythmus auch für dich, passe ihn sonst einfach an.

Ideal ist es, wenn du sowohl beim Einatmen, als auch beim Ausatmen ein **Geräusch in deinem Rachen** hörst. Am Anfang kann das recht ungewohnt und sogar etwas anstrengend sein. Im Laufe der Zeit wird es aber ganz normal für dich sein, so zu atmen.

- Wenn du dies etwa 2–3 Minuten durchgeführt hast, nimm deinen letzten tiefen Atemzug und halte deine Luft an. Öffne deinen Mund beim Einatmen weit und atme so tief ein, wie du kannst. Bleibe auch beim Luftanhalten entspannt und versuche, nicht an die Zeit zu denken. Denke an etwas entspannendes, wie beispielsweise ein ruhiges Lied. Versuche beim ersten Luftanhalten **nicht, gleich bis ans Maximum** zu gehen. Höre auf die Signale, die dein Körper dir gibt.

Bei Anfängern setzen nach etwa 1–1½ Minuten Kontraktionen, also Zuckungen, im Körper ein. Bei fortgeschrittenen Apnoe-Tauchern setzten diese teilweise später ein. Nimm dir als Ziel, beim ersten Luftanhalten bis zu deiner ersten Kontraktion zu warten und beginne danach wieder mit der Atmung.

Bleibe **nach dem Luftanhalten entspannt liegen** und übe drei **„Recovery-Breaths"** (Englisch für Erholungs-Atemzüge). Öffne dazu deinen Mund und atme aktiv und bewusst ein und passiv aus. Gehe relativ schnell gleich wieder in die Bauchatmung über, um dich auf deinen nächsten Breathhold vorzubereiten. Vermeide es, zwischen den Breathholds zu reden oder andere Dinge zu tun, die dich aus deinem entspannten Dasein herausbringen könnten.

Wenn du dich bereit für das nächste Luftanhalten fühlst, lege los. Dieses Mal setzt du dir vielleicht als Ziel, bis zu deiner dritten Kontraktion zu warten, beim nächsten Mal vielleicht bis zu deiner fünften und so weiter. Nach etwa 3–4 Breathholds nacheinander wirst du merken, dass es dir leichter fällt, die Luft anzuhalten. Dies liegt an der Entspannung, der richtigen Atemtechnik und daran, dass dein Körper sich recht schnell an einen höheren CO_2 Anteil gewöhnt.

Tauchreflex

Alle Säugetiere verfügen über den sogenannten Tauchreflex. Dieser versetzt unseren Körper in einen Sauerstoff-Sparmodus. Er ermöglicht Säugetieren, die im Wasser leben, den Energieverbrauch beim Tauchen zu senken, um länger und tiefer unter Wasser zu bleiben.

Der Tauchreflex setzt unter drei Umständen ein:

- wenn wir die Luft anhalten,
- wenn unser Körper, speziell das Gesicht, nass ist und
- wenn der Druck auf unseren Körper steigt.

Beim Mermaiding im Wasser erfüllen wir sogar gleich alle drei Voraussetzungen, um den Tauchreflex anzuschalten.

Halten wir uns im Wasser auf, verengen sich durch den Temperaturunterschied zwischen dem Wasser und unserem Körper unsere Gefäße. Auch unsere Herzfrequenz verlangsamt sich und die Durchblutung in den Armen und Beinen verringert sich. Unser Körper wechselt also sozusagen in den „Sauerstoff-Sparmodus“.Der Tauchreflex hilft uns also wunderbar dabei, unsere Luft länger anhalten zu können. Er hat jedoch auch einen Nebeneffekt. Durch den verminderten Blutfluss in den Armen und Beinen haben wir mehr Blut in unserem Oberkörper. Unser Körper „denkt“ nun, dass wir zu viel Flüssigkeit in unserem Körper tragen und sucht nach einer Lösung, um sie loszuwerden. Dadurch haben wir den erhöhten Drang, sofort auf die Toilette zu gehen. Wichtig dabei ist, dass wir entsprechend viel Wasser trinken, um diesen Flüssigkeitsverlust auszugleichen

Hyperventilation

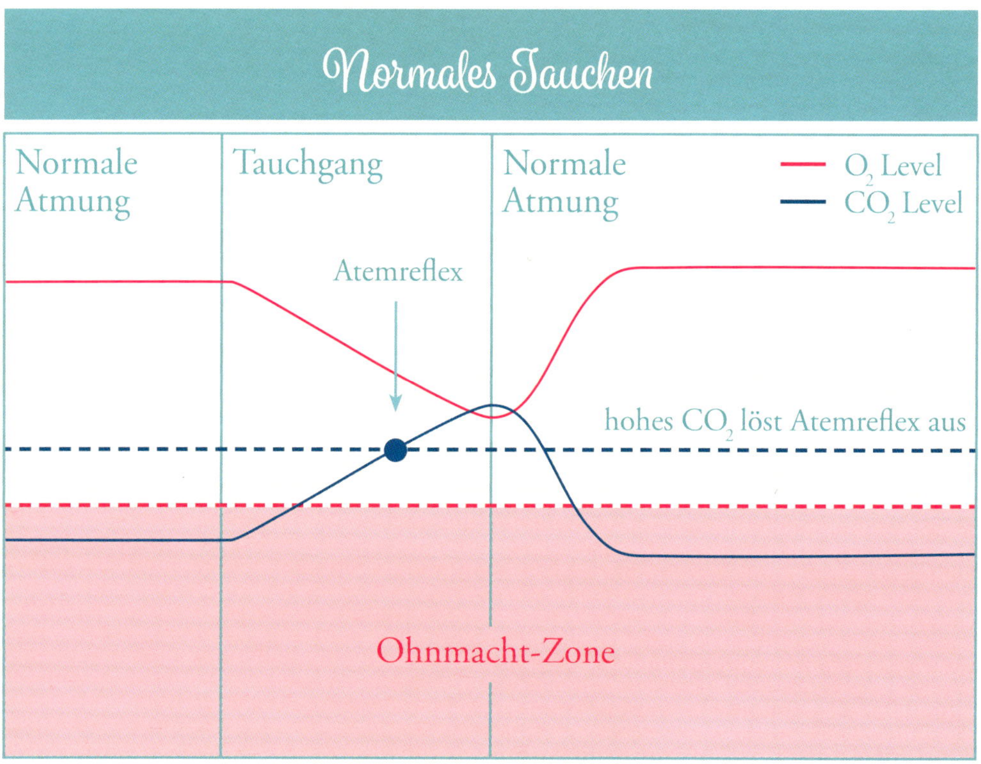

Unter Hyperventilation versteht man ein verschnelltes und flaches Ein- und Ausatmen. Immer noch geht das alte Gerücht umher, dass diese Form der Atmung angeblich mehr Sauerstoff ins Blut transportiert und somit zu einem längeren Luftanhalten führen könnte.

Lass mich im Vorfeld gleich eines sagen: **Probiere es gar nicht erst aus!** Durch das Hyperventilieren wird der natürliche Reiz zum Einatmen verzögert, was eine plötzliche Ohnmacht (auch als Schwimmbad-Blackout bekannt) hervorrufen kann.

Das schnelle und flache Atmen senkt den Kohlenstoffdioxidgehalt im Körper drastisch und verzögert damit den Atemreiz. Es wird beim Hyperventilieren jedoch kein Sauerstoff zusätzlich aufgenommen. Während des Tauchgangs steigt nun der Kohlenstoffdioxidgehalt im Körper stetig an, während der Sauerstoffgehalt durch den Verbrauch stetig abnimmt. Normalerweise liegt der Kohlenstoffdioxid-Partialdruck bei

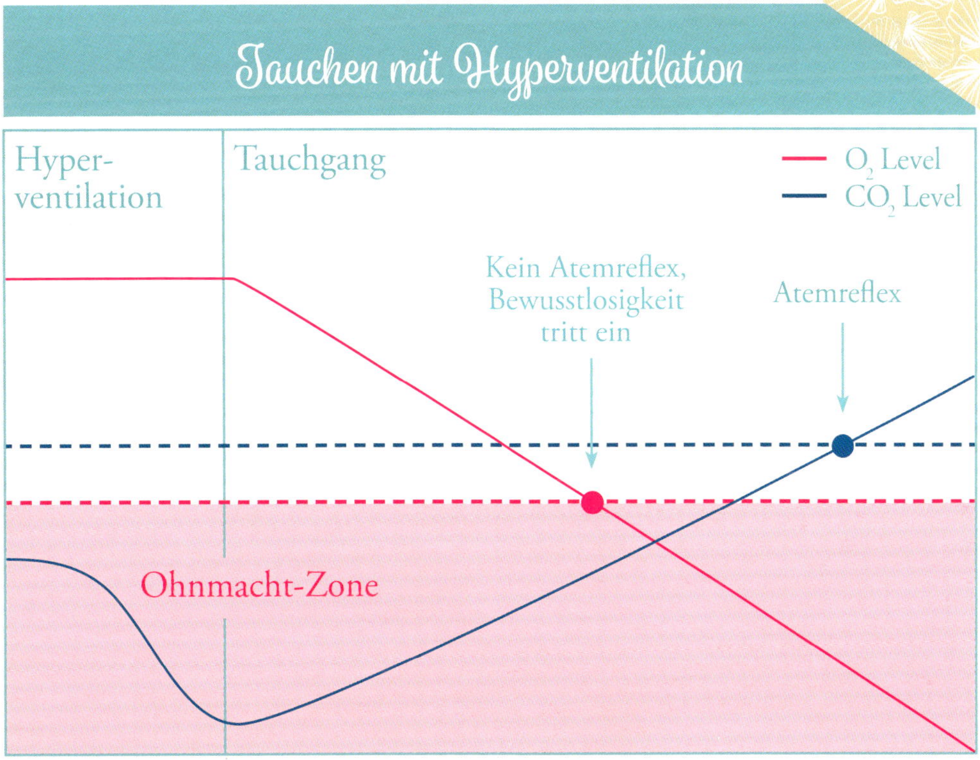

etwa 53 mbar. Während des Luftanhaltens steigt dieser Partialdruck nun auf bis etwa 80 mbar an. Dieser hohe Partialdruck verstärkt unseren Atemreiz so stark, dass wir freiwillig auftauchen und bewusst atmen. Somit ist das Risiko, eine Bewusstlosigkeit beziehungsweise einen Blackout zu bekommen, relativ gering, da wir bereits wieder atmen, bevor es zu einem Sauerstoffmangel in unserem Blut kommt.

Durch ein vorheriges Hyperventilieren kann der Partialdruck des Kohlenstoffdioxids jedoch so sehr gesenkt werden, dass sich das Einsetzen des Atemreizes stark verzögert. Das bedeutet, dass es gegebenenfalls zu einem Sauerstoffmangel kommen kann. In diesem Fall tritt ohne jegliche Vorwarnung eine Bewusstlosigkeit ein. Passiert dies im Wasser, ist das Risiko des Ertrinkens relativ groß.

! Das Hyperventilieren sollte sowohl beim Mermaiding, als auch beim Apnoetauchen demnach auf jeden Fall vermieden werden. Konzentriere dich auf deine Atem- und Entspannungsübungen und höre auf die Signale, die dein Körper dir sendet.

Was tun bei einem Blackout?

Wenn man beim Mermaiding oder Freitauchen auf die Signale seines Körpers achtet und seine Limits nicht überschreitet, ist das Risiko, einen Blackout zu bekommen, relativ gering, ausschließen kann man es jedoch niemals komplett.

Als „Buddy" oder Aufsichtsperson sollte man auf folgende Symptome der Bewusstlosigkeit achten: plötzliches Ausatmen unter Wasser, zuckende Bewegungen und/oder regungsloses Treiben unter Wasser oder an der Wasseroberfläche.

Ist eine Person im Wasser bewusstlos, muss schnell gehandelt werden. Nach Eintreten der Ohnmacht bleibt nicht viel Zeit, bis das Gehirn ganz autonom einen Atemzug einleitet. Dies führt dann zum Einatmen von Wasser in die Lunge, auch Aspiration genannt.

Der Bewusstlose sollte vor dem Eintreten dieses autonomen Atemzuges **an die Oberfläche** befördert werden. Der Mund und die Nase sollten sofort über Wasser gebracht werden. Entferne zunächst jegliches Equipment vom Gesicht, wie beispielsweise Maske, Schwimmbrille, Nasenklemme, Schnorchel oder ähnliches. Überprüfe die Atmung. Ist keine Atmung vorhanden, folge dem sogenannten

„Blow, Tap, Talk", um den Atemreiz zu verstärken. **Puste** dem Bewusstlosen ins Gesicht, um dem Körper das Signal zu geben „ich bin wieder an der Luft, ich kann jetzt wieder atmen". **Ticke** ihn mehrfach mit der Hand an der Wange an und **sage** ihm mehrfach bewusst, dass er einatmen soll. Um dem Gehirn den Anstoß zu geben einzuatmen, rede die bewusstlose Person dabei möglichst mit dem Namen an: „Name, atme ein!"

Hat die Atmung auch danach nicht eingesetzt, fahre mit der Herz-Lungen-Wiederbelebung fort und rufe den Notruf.

FOLGEN EINES BLACKOUTS

Auch nach der medizinischen Versorgung können nach einem Blackout Folgen zurückbleiben. Es kann zum Beispiel zu einer Kohlenstoffdioxidvergiftung gekommen sein. Sie kann unter anderem Kopfschmerzen, Krämpfe, Atemnot oder Herzrasen verursachen.

Durch die Sauerstoffunterversorgung können Zellen absterben. Sind bereits Gehirnzellen abgestorben, ist ein bleibender Hirnschaden nicht ausgeschlossen. Wenn die Sauerstoffversorgung zu lange unterbrochen wurde, kann dies auch zu einem Koma oder sogar dem Tod führen.

Du solltest daher immer versuchen, einen Blackout zu vermeiden und **niemals alleine im Wasser trainieren!**

Schwimmen ohne Schwimmbrille und Nasenklemme

Wie du sicherlich in Filmen oder Fernsehsendungen gesehen hast, schwimmen echte Meerjungfrauen normalerweise ohne Masken und Schwimmbrillen. Häufig bekomme ich die Frage gestellt, wie ich es schaffe, unter Wasser meine Augen offenzuhalten.

Ich persönlich finde das meist gar nicht so schlimm. Ideal sind Seen mit Süßwasser oder Pools, die super gepflegt sind und nur wenig Chlor-Anteil haben. In solchen Gewässern kann man die Augen problemlos offenhalten.

Im Meer kann das Salzwasser manchmal etwas in den Augen brennen, wirklich schlimm ist das aber nicht. Ich glaube, die größere Umstellung ist eher, dass man ohne Maske nicht klar sehen kann. Man muss sich einfach daran gewöhnen, nur Umrisse beziehungsweise Schatten sehen zu können.

Das Brennen in den Augen ist meiner Erfahrung nach weniger schlimm. **Vermeide es, deine Augen zu reiben**, wenn du wieder an der Wasseroberfläche bist. Du solltest auch rund **um die Augen keine Produkte** wie beispielsweise Sonnencreme oder ähnliches verwenden, da sie sich mit dem Wasser vermischen und dann sehr stark in deinen Augen brennen kann.

Wenn ich 45–60 Minuten unter Wasser geshootet habe und wieder zur Oberfläche komme, sehe ich oft aus, als hätte ich stundenlang geweint. Meine Augen beruhigen sich recht schnell wieder, du kannst aber mit ein paar einfachen Augentropfen auch nachhelfen.

Wirklich unangenehm ist Schwimmen mit offenen Augen eigentlich nur in überdosierten Pools, also Schwimmbecken, die nicht regelmäßig gesäubert werden oder einen zu hohen Chloranteil haben. Hier kann das Wasser wirklich sehr stark in den Augen brennen. In so stark mit Chemikalien behandeltem Wasser ist es manchmal nicht möglich, ohne Brille oder Maske zu schwimmen.

Das Schwimmen ohne Taucherbrille bringt aber noch eine andere Sache mit sich: Da eine Taucherbrille die Nase immer miteinschließt, bekommt man kein **Wasser in die Nase**. Ohne Tauchermaske und Nasenklemme ist unsere Nase davor jedoch nicht mehr geschützt.

Wasser in meine Nase und Nebenhöhlen zu bekommen, empfinde ich auch heute immer noch als unangenehm. Es ist wahrscheinlich etwas, woran ich mich niemals ganz gewöhnen werde.

Natürlich kann man unter Wasser „schummeln“ und bei einer Drehung einfach durch die Nase auspusten und somit das Eindringen des Wassers vermeiden. Ich persönlich denke jedoch, dass dies nicht wirklich schön und realistisch aussieht.

Natürlich kommt es auch hier wieder auf die Wasserbedingungen an. In manchen Gewässern stört die volle Nase nicht so sehr, wie in anderen.

Wichtig ist, dass du sobald du wieder an der Wasseroberfläche bist, das Wasser wieder aus deiner Nase und deinen Nebenhöhlen herauslässt. Schnäuze es also lieber aus, als es hochzuziehen.

Dieser Teil ist sicherlich weniger glamourös, als man sich das Nixesein vorstellt, es gehört aber nun mal leider zum Meerjungfrauenalltag dazu.

Es gibt mittlerweile auch Nasenstöpsel, die man in die Naser einstecken kann. Ich habe sie bislang einmal ausprobiert und war recht positiv überrascht davon. Nasenstöpsel, die von außen jedoch überhaupt nicht zu sehen sind, bestehen aus zwei kleinen Einzelteilen, einem Stöpsel für jedes Nasenloch. Ich bin mir nicht so sicher, ob diese Kleinteile bei sich veränderndem Druck oder schnellen Bewegungen nicht gegebenenfalls von der Nase in die Nebenhöhlen wandern könnten. Vor der Verwendung solcher Nasenstöpsel würde ich daher unbedingt deinen Hals-, Nasen- Ohrenarzt um Rat fragen.

Meeresrauschen
ist Musik für die Seele!

Mermaid Tricks

Als Meerjungfrau geht es jedoch nicht immer nur um das harte Trainieren, sondern darum, Spaß zu haben. Natürlich steht die Sicherheit immer an oberster Stelle, aber sobald die Grundlagen des Mermaidings erlernt sind, können wir endlich einige Tricks ausprobieren.

Seitwärtsrollen

Zu den beliebtesten Nixentricks zählen natürlich Rollen. Für den Einstieg sind Seitwärtsrollen wahrscheinlich am einfachsten zu üben. Sobald du das Schwimmen mit Flosse unter Wasser beherrschst, kann es auch schon losgehen.

Tauche zuerst ab und mache ein bis zwei Flossenschläge unter Wasser. Dann rolle dich langsam über eine Schulter. Für den Einstieg ist es wahrscheinlich einfacher, wenn du deine Arme zu Hilfe nimmst.

Du kannst dich entweder schnell um deine Körperlängsachse drehen oder die Drehung herauszögern und während der Drehung deine normale Schwimmbewegung auf der Seite, dem Rücken und der anderen Seite weiter fortsetzen, bis du wieder auf der Bauchseite angekommen bist.

Achte darauf, dass dein Körper zu jeder Zeit getreckt bleibt und du nicht in der Hüfte abknickst und in die Sitzhaltung gerätst.

Von Natur aus beginnen wir normalerweise mit der Seite, die für uns am einfachsten ist. Sobald die Drehung um diese Seite funktioniert, probiere auch, dich in die andere Richtung zu drehen.

Wenn die Drehungen prinzipiell klappen, kannst du sie verfeinern und natürlich weitere Dinge ausprobieren, wie beispielsweise mehrere Drehungen hintereinander zu machen.

1.

2.

3.

4.

You are mer-mazing!

Vorwärtsrollen

Wer schon einmal eine Vorwärtsrolle ohne Flosse im Wasser gemacht hat, muss im Prinzip nicht viel Neues dazulernen.

Ziehe deine Beine an und bringe deine Knie soweit es geht zur Brust. Beuge dann deinen Kopf nach vorne und bringe dein Kinn soweit wie möglich zur Brust. Behalte diese Position während der gesamten Drehung bei.

Bewege nun beide Arme gleichzeitig in einer Kreisbewegung, bis dein Körper anfängt, sich nach vorne zu rollen. Bewege die Arme so lange weiter, bis du wieder in deiner Ausgangsposition angekommen bist.

Auch hier kannst du natürlich üben, so viele Rollen nacheinander wie möglich zu machen.

1.

2.

3.

Rückwärtsrollen

Bei den Rückwärtsrollen ist das große Geheimnis, den Kopf in den Nacken zu legen. Rollst du deinen Kopf, wie bei der Vorwärtsrolle zur Brust, wirst du Schwierigkeiten haben, dich rückwärts zu drehen.

Strecke deinen Kopf vor dem Abtauchen soweit es geht nach hinten und versuche, die Wand hinter dir anzusehen. Gehe ins Hohlkreuz und mache dann mit beiden Armen eine gleichmäßige und schwungvolle Kreisbewegung, um deinen Körper unter Wasser zu drehen. Die Rückwärtsdrehung ist einfacher, wenn das Wasser etwas tiefer ist. Du hast dann auch mehr Platz und musst nicht aufpassen, dir nicht den Kopf zu stoßen.

Bist du nur im hüfttiefen Wasser, musst du sehr stark ins Hohlkreuz gehen, was im untrainierten Zustand eventuell zu Verletzungen führen könnte. Trainiere daher auf jeden Fall im Wasser, das dir mindestens bis zur Brust geht.

Handstand

Der Handstand ist ein sehr beliebter Nixentrick, vor allem, wenn Freunde am Beckenrand stehen, die man durch einige Flossenschläge ordentlich nassspritzen kann.

Auch hier ist es einfacher, diesen Nixentrick im tieferen Wasser zu üben. Je mehr Wasser du um dich herum hast, desto mehr hilft es dir dabei, die Balance zu halten. Brusttiefes Wasser ist daher wieder ideal zum Üben.

Beginne den Handstand wie die Vorwärtsrolle, strecke deine Hände zum Beckenboden, gucke auf deine Hände und strecke dann deine Beine langsam nach oben.

Falls du den Handstand im Wasser ohne Flosse schon kannst, wirst du bestimmt merken, dass es etwas schwieriger ist, die Flosse aus dem Wasser zu liften. Mit ein bisschen Übung solltest du es jedoch recht schnell unter Kontrolle bekommen.

Wenn dein Handstand halbwegs gut funktioniert, kannst du nun anfangen mit der Flosse ordentlich zu schlagen und umherzuspritzen.

Achte aber bitte immer darauf, dass du genug Platz um dich herum hast, um weder dich selbst, noch andere beim Herumschlagen der Flosse zu verletzen.

Mermaid vibes

Blasenringe pusten

Blasenringe zu pusten ist einer der beliebtesten Meerjungfrauentricks. Das Ziel ist es, auf deinem Rücken zu liegen oder zu schweben und dabei Ringe aus deinem Mund auszupusten, die beim Aufsteigen an die Oberfläche immer größer werden.

Ich empfehle dir, dies zuerst mit einer Taucherbrille zu üben, um zum einen klar sehen zu können, ob die Ringe funktionieren und zum anderen, um zu verhindern, dass Wasser in deine Nase eindringt.

Lege dich mit Hilfe von Armbewegungen oder Gewichten auf den Rücken. Nun gibt es verschiedene Möglichkeiten, die Kreise zu pusten. Einige bewegen ihren Mund wie ein Fisch auf und zu und nutzen die Zunge dazu, die Luft in eine Kreisform zu bringen.

Ich persönlich schiebe meine Zunge bei geschlossenem Mund zwischen die Lippen und ziehe diese dann ruckartig zurück, während ich eine kleine Menge Luft durch den Mund auspuste. Die ersten zwei bis drei Ringe sind meistens nicht so schön, aber die weiteren bilden meistens richtig tolle Ringe.

Viele Gerätetaucher beherrschen das Ringepusten wunderbar, während sie eine Tauchermaske tragen. Ohne Maske sieht das jedoch gleich ganz anders aus. Beim Hinlegen auf den Rücken bekommt man dann nämlich die komplette Ladung Wasser in die Nase. Das ist natürlich recht unangenehm und man braucht erst einmal eine gewisse Zeit, um sich daran zu gewöhnen.

Herzenblasen machen

Anders als das Blasen von Ringen benötigst du für das Pusten von Herzen eine aufrechte Position. So dringt bei diesem Trick auch kein Wasser in die Nase ein. Herzenblasen sind vor allem bei Unterwassershows in einem Glastank sehr beliebt, man kann sie aber auch gut bei Videoaufnahmen verwenden.

Platziere dazu beide Zeige- und Ringfinger auf deinen Lippen. Puste nun etwas Luft durch deinen Mund aus und bewege beide Hände nun recht schnell in einer herzförmigen Bewegung. Mit etwas Übung sollte das Blasenherz wunderbar erkennbar sein.

Das richtige Mermaid-Styling

Als Meerjungfrau stehen dir stylingtechnisch sämtliche Türen offen. Ob ein ganz natürlicher Look oder bunte Haare und Schuppen im Gesicht – als Nixe ist alles möglich. Ich selbst habe einige Jahre lang den natürlichen Nixenlook bevorzugt. In den letzten Jahren bin ich aber immer mehr dazu gekommen, diesen Look abzuändern und je nach Anlass etwas „aufzupimpen".

Wasserfeste Schminke

Los geht es mit dem Make-up. Natürlich möchtest du beim Mermaiding gut aussehen und nicht auf deine Schminke verzichten. Damit dies auch im Wasser möglich ist, verwende ich wasserfeste Schminke.

WASSERFESTE WIMPERNTUSCHE in allen möglichen Farben bekommst du mittlerweile in vielen Drogerien, damit hast du schon eine Menge erreicht. Erfahrungsgemäß kann ich sagen, dass du für den Einsatz unter Wasser oft ganz normalen Lidschatten und eine gewöhnliche Grundierung nutzen kannst. Wenn du deine Augen oder dein Gesicht zwischendurch nicht reibst, halten die meisten normalen Make-ups ziemlich gut.

Achte auch beim LIPPENSTIFT darauf, dass er möglichst wisch- und wasserfest ist. Ich habe jahrelang den Superstay-Lippenstift von L'Oréal benutzt. Er hält wunderbar und auch in einer längeren Mermaiding-Einheit muss man ihn nicht oft auffrischen. Aus Tierliebe verwendete ich ihn allerdings immer nur ungern, da L'Oréal leider immer noch Tierversuche macht.

Es gibt jedoch auch Kosmetika aus natürlichen Inhaltsstoffen, die vollständig vegan und nicht an Tieren getestet sind. Seit etwa einem Jahr verwende ich zum Beispiel die Make-up-Reihe von Lipsense, die von Mascara, über Eyeliner, Lippenstift, Fundation und Rouge alles anbieten – und alles ist komplett wasserfest. Ich habe diverse Produkte getestet und bin mit ihnen sehr zufrieden. Und so habe ich beim Schminken nun auch kein schlechtes Gewissen mehr.

Wasserfeste Schminke beruht auf einer Ölbasis, mit Wasser kann man sie also nicht entfernen. Viele Hersteller bieten daher entsprechende Make-up-Entferner für wasserfeste Schminke an. Ich persönlich benutze zum Entfernen einfach natürliche Öle, wie zum Beispiel Olivenöl oder Kokosöl. Diese Öle eignen sich super zum ABSCHMINKEN, pflegen deine Haut, sind günstiger als andere Produkte und zudem auch noch unschädlich für die Umwelt.

Ob du dich natürlich schminken oder dich richtig ausgefallen stylen möchtest, ist selbstverständlich ganz dir überlassen. Es kommt ja auch ein bisschen auf deinen Typ und den Anlass an, probiere aber ruhig neue Dinge aus.

Einen SCHUPPENEFFEKT kannst du zum Beispiel erzielen, indem du ein kleines Netz spannst und eng an dein Gesicht hältst. Nimm dann einen etwas größeren Pinsel, dippe die Spitzen der Pinselhaare in deine wasserfeste Wunschfarbe und tupfe damit die Farbe über das Netz. Wenn du das Netz jetzt abziehst, sollte ein Schuppenmuster zurückbleiben. Einige Hersteller bieten inzwischen auch verschiedene Schablonen an. Schau einfach mal in der Schminkabteilung eines Karnevalsgeschäfts oder im Internet, dort findest du auch eine schöne Auswahl an wasserfesten Farben.

Dream big little Mermaid!

Du kannst natürlich auch Ranken, Wasserblumen oder Korallen oder kleine Meerestiere auf deine Haut und dein Gesicht malen. Deiner Kreativität sind hier in Farbe, Form und Gestaltung keine Grenzen gesetzt.

GLITZER ist auch immer eine tolle Sache – bei Fotoshootings im Wasser oder bei „trockenen Veranstaltungen". Du kannst damit deinem Make-up den letzten Schliff verpassen oder auf deinen Schultern, deinem Dekolleté oder auch in deinen Haaren kleine Akzente setzen. Sei dir aber bitte bewusst, dass Glitzer in den meisten Fällen aus kleinsten Plastikpartikeln besteht, die der Umwelt großen Schaden zufügen können. Es gibt aber auch essbaren Glitzer oder Bio-Glitzer, die beide voll biologisch abbaubar sind. Essbaren Glitzer bekommst du in der Backwarenabteilung, in Backgeschäften oder im Internet. Bio-Glitzer kannst du am leichtesten online bestellen.

Frisuren

Es gibt Mädchen, die von Natur aus das perfekte Meerjungfrauenhaar haben: lang, dick und vielleicht sogar mit ein paar Wellen oder Locken. Ich selbst gehöre leider nicht dazu. Meine Haare sind nicht sehr dick und wachsen über eine bestimmte Länge leider nicht hinaus.

Für Nixen, denen es ähnlich geht wie mir, habe ich aber ein paar hilfreiche Tipps. Es gibt verschiedene Formen von HAARVERLÄNGERUNGEN, die man entweder für eine längere Zeit tragen oder täglich reinklippen und entfernen kann. Solche Haarverlängerungen sind ideal für das Mermaiding geeignet. Manche sind sogar gewellt oder gelockt und machen deinen Mermaid-Look für „trockene Veranstaltungen" supereinfach. Beim Schwimmen würde ich „Clip-in-Extensions" vorsichtshalber mit einigen Haarnadeln zusätzlich sichern.

Eine weitere Variante sind PERÜCKEN. Ich persönlich liebe Perücken und trage sie bei fast all meinen Fotoshootings und Events. Man kann je nach Veranstaltung oder Flossenfarbe die Haarfarbe und zwischen glattem Haar und Locken wechseln. Bei trockenen Veranstaltungen benutze ich meistens gelockte Perücken, im Wasser trage ich oft glattes Haar, weil sich die Locken dort meist sowieso auswaschen.

Perücken müssen im Wasser sehr gut festgesteckt werden. Einmal ist meine Perücke während einer Show im Wasser abgegangen, das war äußerst unangenehm. Seitdem benutze ich immer rund 50 Haarnadeln, um wirklich ganz sicher zu sein, dass sie auch den Schwimmbewegungen unter Wasser standhält.

Accessoires

Haarbänder und Haarspangen sind immer tolle Accessoires für Nixen. Kronen und Haarreifen sind besonders im Wasser nicht so sehr geeignet, da man diese oft nur schlecht feststecken kann und sie sich dann beim Schwimmen lösen. Ich benutze meist Haarbänder, die ich mit Blumen, künstlichen Muscheln und Seesternen, Strasssteinen und ähnlichem verziere. Du kannst sie entweder annähen oder einen guten Kleber, wie beispielsweise Heißkleber, verwenden. Stelle jedoch unbedingt sicher, dass deine Verschönerungen sich beim Schwimmen im Wasser nicht lösen können und dann als Umweltverschmutzung im Meer zurückbleiben.

Manche Nixen nutzen Fischernetze als Gürtel. Diese können toll aussehen und das „Bauchgequetsche", das beim Tragen einer Silikonflosse durchaus vorkommen kann, kaschieren.

Manche Nixen tragen auch Armstulpen passend zur Flosse. Auch diese können deinen Mermaid-Look toll ergänzen.

Haarpflege

Als Meerjungfrau verbringt man viel Zeit im Wasser. Chlor- und Salzwasser können unseren Haaren Schaden zufügen, sie austrocknen und spröde machen. Um dies zu vermeiden rate ich dir, deine Haare vor dem Einstieg ins Wasser mit einem natürlichen Öl zu tränken. Olivenöl und Kokosöl sind wunderbar für die Haarpflege geeignet, es gibt aber auch viele andere Öle, die deinen Haaren zu Gute kommen.

Das Einölen der Haare pflegt zum einen, zum anderen vermeidet es auch, dass Chlor- oder Salzwasser in deine Haare eindringen und diese beschädigen können.

Sicherlich gibt es auch chemische Haarpflegeprodukte, die helfen können, ich persönlich bevorzuge jedoch immer die natürliche Alternative. Diese kannst du auch ohne schlechtes Gewissen im Meer oder See benutzen, da sie der Umwelt nicht schaden.

Ein kleiner Tipp: Natürliche Öle kannst du auch wunderbar zur Hautpflege nutzen.

Posieren in einer Flosse

Du wirst es bemerken: Sobald du in der Öffentlichkeit mit deiner Meerjungfrauenflosse auftauchst, wirst du automatisch zum Model. Du erweckst eine gewisse Aufmerksamkeit und einige Menschen werden dich fotografieren wollen. Das macht dich zu einem Meerjungfrauen-Model. Doch posieren mit zusammengebundenen Beinen und einer Flosse, die bis zu 15 kg wiegen kann, ist nicht ganz so leicht. Daher hier einige Tipps.

Posieren an Land

Als Meerjungfrau bist du, was das Posieren an Land angeht, etwas eingeschränkt. Es gibt im Prinzip nur die Pose im Sitzen, die Seitenlage oder die Bauchlage, bei der die Flosse hinten hochsteht.

Du wirst merken, dass es recht anstrengend sein kann, eine schwere Flosse in die richtige Position zu bringen und dort zu halten. Manchmal ist es hilfreich, eine Hilfsperson vor Ort zu haben, die dir dabei hilft.

Auch das Posieren auf rutschigen Felsen ist auf einmal wesentlich komplizierter, wenn man keine Beine mehr hat. Achte darauf, dass du immer guten Halt hast und dich keine Wellen auf einmal vom Felsen spülen können. Achte auch auf scharfe Kanten und Muscheln, du könntest dich an ihnen verletzten oder deine Flosse beschädigen.

Achte beim Posing darauf, deinen **Oberkörper immer schön aufzurichten** und „groß" zu machen. Sacke nicht in dich zusammen, sondern öffne dich. Bei Positionen, in denen du dich mit einem Arm auf den Boden abstützt, solltest du es vermeiden, dein volles Gewicht auf dem Arm abzustützen. Versuche lieber, dein Gewicht mit deinen Bauchmuskeln für ein paar Sekunden zu halten, bis der Fotograf einige Fotos geschossen hat. Wenn du dich zu sehr auf deinem Arm abstützt, vergrößert sich dein Muskel im Oberarm, was auf Fotos unvorteilhaft wirken kann.

Nach deinen ersten Fotoshootings wirst du vielleicht sogar Muskelkater haben.

Was deinen **Gesichtsausdruck** angeht empfehle ich dir, vor dem Spiegel etwas zu experimentieren. Probiere aus, welche Gesichtsausdrücke dir am besten stehen und welches Lächeln dir an dir selbst am besten gefällt. Frage vielleicht einen Freund oder eine Freundin, einige Testfotos von dir zu machen, oder mach einige Selfies und sieh selbst, wo du deine Posen oder Ausdrücke gegebenenfalls noch verbessern könntest.

Mermaid at ♥

Hin und wieder habe ich Fotoshootings, bei denen ich mehr von der „Fashionseite" abgelichtet werde und dementsprechend auch härtere Gesichtsausdrücke zeige. Generell gesehen bevorzuge ich jedoch ein großes fröhliches Lächeln auf meinen Meerjungfrauenfotos. In meinen Augen ist es das, was Meerjungfrauen verkörpern sollten: **Magie, Freude und Spaß!**

Posieren unter Wasser – Wie bleibe ich unten?

Ich bin mir ziemlich sicher, dass wir das alle schon einmal versucht haben und daran gescheitert sind: mit angehaltener Luft auf dem Beckenboden zu sitzen. Jeder, der es einmal ausprobiert hat, wird sich bestimmt daran erinnern, dass dies gar nicht so leicht ist.

Wenn wir tief einatmen und unsere Lunge mit Luft füllen, ist diese im Prinzip wie ein Luftballon. Luft ist leichter als Wasser und wenn man einen vollen Luftballon unter Wasser drückt und dann loslässt, steigt er sofort zur Wasseroberfläche auf.

Prinzipiell müssen wir eigentlich nur herausfinden, wie viel Luft wir „ablassen" müssen, um unter Wasser posieren zu können, ohne ungewollt zur Oberfläche aufzusteigen. Wir müssen demnach lernen, unseren Körper unter Wasser auszutarieren. Um dies zu trainieren, tauche ab und versuche, dich auf den Boden zu setzen. Bewege dich so wenig wie möglich und **atme in kleinen Schüben etwas Luft aus**. Ab einem gewissen Punkt wirst du merken, wie dein Körper nicht mehr zur Wasseroberfläche aufzusteigen versucht. Je

mehr wir unser Luftvolumen in der Lunge verringern, desto mehr wird unser Körper zu sinken beginnen.

Du wirst ein besseres Gefühl für deine Tarierung bekommen, wenn du dies einige Male ausprobiert hast.

Möchtest du **für ein Foto** unter Wasser posieren, empfehle ich dir, die Luft gleich nach dem Abtauchen auszupusten und dann so lange wie möglich ohne weiteres Ausatmen zu posieren. Lässt du während des Shootings kontinuierlich weithin Luft ab, wirst du später auf den Fotos Luftblasen vor deinem Gesicht haben.

Je nach Muskel- und Fettanteil im Körper, sinken einige Menschen schneller, während andere hingegen leichter an der Oberfläche treiben. Eine Nixe mit mehr Muskelanteil im Körper hat es demnach etwas einfacher, unter Wasser zu bleiben, als jemand mit einem höheren Fettanteil. Aber auch verschiedene Flossen, Kleidung und Accessoires können unsere Tarierung beeinflussen. Während eine Flosse aus Neopren uns mehr positiven Auftrieb gibt, bringt uns ein Gürtel aus Blei dazu, zu sinken. Je nach Gegebenheiten ist der Einsatz von Gewichten demnach manchmal sinnvoll.

Wie posiere ich unter Wasser vor der Kamera?

Viele Fotografen benutzen sogenannte „Fish-Eye-Linsen“ für die Unterwasserfotografie. Diese Weitwinkel-Linsen ermöglichen es, große Gegenstände wie zum Beispiel Wracks oder auch Models komplett in den Fotoausschnitt zu bekommen und dabei einen sehr geringen Abstand zum Objekt zu haben. Daher sind Unterwasserfotografen manchmal nur ein bis zwei Meter von dir entfernt, was dir wahrscheinlich recht nahe vorkommen wird.

Weitwinkellinsen sorgen manchmal dafür, dass die Ränder im Foto etwas verzogen sind und somit beispielsweise dein Kopf unverhältnismäßig klein oder deine Hand extrem lang aussieht. Es liegt an dem Fotografen, die richtige Linse und Position zu wählen und gegebenenfalls im Nachhinein bei der Bearbeitung eine Linsenkorrektur durchzuführen. Du kannst jedoch auch mit deinem Posing dazu beitragen, dass die Fotos toll aussehen.

Vermeide es, Arme oder Beine in Richtung Kamera zu strecken, da diese später sonst unproportional groß aussehen.

Ist dein Kopf näher an der Kamera als deine Schwanzflosse, werden dein Kopf und Oberkörper wesentlich größer aussehen als deine Flosse. Es braucht wahrscheinlich ein paar Shootings und Begutachtungen der Fotos, um genau herauszufinden, welche Posen gut aussehen und welche nicht. Am meisten lernst du von deinen eigenen Fotos und Videos.

Als Grundregel merke dir einfach, deinen **gesamten Körper möglichst parallel zur Kamera** zu positionieren.

Mermaids – Botschafter der Meere

GREEN BATCH
#war on plastic

Nixen als Botschafter der Meere

In einer wunderschönen Flosse umherzuschwimmen, Mermaid-Make-up zu tragen und Magie zu versprühen ist jedoch nur eine Seite des Nixe-Seins. Ich persönlich denke, dass alle Meerjungfrauen und Meermänner auch Botschafter der Meere sind und sich dementsprechend verhalten sollten.

Zahlen, Daten, Fakten

Als Meerjungfrau wirst du hin und wieder auf Menschen treffen, die vieles über die Unterwasserwelt erfahren möchten oder bereits wissen. Es ist daher hilfreich, einige Kenntnisse über unsere Meere zu besitzen.

- Etwa **70 % der Erdoberfläche sind mit Wasser bedeckt**. Somit ist es eigentlich etwas ironisch, dass dieser Planet „Erde“ genannt wurde. Unsere Meere bieten den größten Lebensraum auf der Erde und produzieren etwa 50 % des Sauerstoffs in unserer Atmosphäre. Somit sollte jedem die Wichtigkeit

unserer Meere bewusst sein. Wenn unsere Ozeane sterben, kann Leben an Land auch nicht existieren.

- Leider ist unsere wunderschöne und wichtige Unterwasserwelt vielen Problemen ausgesetzt. Ein großes Problem ist die **Umweltverschmutzung**. Etwa drei Viertel des Mülls im Meer besteht aus **Plastik**. Einige Studien besagen, dass der „Great Pacific Garbage Patch (großer Pazifik-Müllteppich)" etwa doppelt so groß ist wie Texas. Andere sagen, er sei so groß wie Australien und wieder andere schätzen, dass bereits etwa 88 % der weltweiten Meeresoberflächen mit Mikroplastik verschmutzt sind. Welche Angabe nun am präzisesten ist, ist eigentlich unwichtig. Eines ist sicher: es ist viel zu viel Plastik in unseren Meeren und es richtet erheblichen Schaden an.

- Etwa eine Million Seevögel, 100.000 Meeressäuger und eine unzählbare Anzahl an Fischen verenden jedes Jahr qualvoll an Plastikmüll im Meer. Tiere verfangen sich im Müll oder nehmen Plastik statt Nahrung zu sich. Seevögel verschlucken Kleinteile wie Feuerzeuge, Zahnbürsten oder Strohhalme und sterben dann durch Erstickung, tödliche Verstopfung oder Hunger, da der Magen mit Plastik gefüllt ist. Auch in Kadavern von Meeressäugern wie Walen und Delfinen werden immer wieder Plastikteile gefunden. Auch Schildkröten verwechseln Plastiktüten oft mit ihrer Lieblingsspeise, den Quallen.

- Plastik ist nicht biologisch abbaubar, sondern es verfällt innerhalb mehrerer Jahrzehnte oder Jahrhunderte immer mehr, bis letztlich nur noch Mikroplastikpartikel übrigbleiben. Aber auch diese sind gefährlich. Mikroplastik wird im Meer oft mit Plankton verwechselt und somit von vielen Meeresbewohnern statt Nahrung zu sich genommen. Plastik konnte bereits in Muscheln, Fischen, Krebsen, Garnelen und unzähligen weiteren Meerestieren nachgewiesen werden. Durch das Verzehren von Fisch oder Meeresfrüchten gelangen Plastikpartikel somit auch in den menschlichen Organismus. Plastik enthält Weichmacher und andere Giftstoffe, die auch im menschlichen Körper erheblichen Schaden anrichten können.

- Das sogenannte „Sharkfinning" ist ein weiteres Problem, das fatale Folgen für uns alle bedeuten könnte. Haifischflossensuppe gilt in Asien als Delikatesse und dafür werden jedes Jahr etwa 70–100 Millionen **Haie** brutal abgeschlachtet. Haiprodukte verstecken sich aber auch in Europa oft hinter anderen

Namen, sodass dem Verbraucher oft unklar ist, was er überhaupt zu sich nimmt. So verstecken sich hinter „Schillerlocken" eigentlich die geräucherten Bauchlappen des gefährdeten Dornhais. Dieser ist in der Nordsee bereits völlig überfischt. Auch hinter „See-Aal", „Kalbsfisch", „Seestör" oder „Karbonadenfisch" verstecken sich Haiprodukte. Der Mensch überfischt viele Haiarten so sehr, dass viele bereits vom Aussterben bedroht sind.

- In Relation dazu sterben jährlich nur etwa 10–15 Menschen bei Haiunfällen. Etwa 50 Menschen sterben jährlich durch Quallenbisse, etwa 800.000 durch Insektenstiche und auch von Bäumen fallende Kokosnüsse, Schweine, Hunde oder Stühle nehmen jedes Jahr mehr Menschen das Leben als Haie.

Ich liebe es, mit Haien zu schwimmen!

Durch Hollywood-Filme und die Medien werden Haie leider oft als blutrünstige und menschenfressende Monster dargestellt. Dies stimmt so jedoch nicht. Das große Interesse der Medien, über Haiunfälle zu berichten, zeigt, dass diese keine alltäglichen Dinge sind. Wären Haiunfälle an der Tagesordnung, so wie Unfälle im Straßenverkehr, wäre dies für die Medien kaum mehr relevant.

Nur vier Haiarten gelten überhaupt als gefährlich für den Menschen: der Bullenhai, der Tigerhai, der Weiße Hai und der Weißspitzen-Hochseehai. Ich selbst bin mit einer dieser Arten geschwommen, dem Tigerhai. Für eine internationale Haischutzkampagne schwamm ich 2015 auf den Bahamas, umzingelt von Tigerhaien, Riffhaien, Zitronenhaien, Hammerhaien, Ammenhaien und weiteren Haiarten. In meiner Meerjungfrauenflosse mit diesen wundervollen Lebewesen zu schwimmen, hat mein Leben komplett verändert und ich habe mich noch mehr in diese Tiere verliebt. Aus persönlicher Erfahrung kann ich daher nur sagen: „Haie sind Freunde, kein Futter!"

- Das Abschlachten von etwa 20.000 Delfinen jährlich, welches ein Resultat des Auswahlverfahrens für internationale Wasserparks ist, der **Klimawandel, Überfischung und die Touristenindustrie** sind weitere Probleme. Um dich selbst ausreichend aufzuklären empfehle ich dir, die Filme „Die Bucht", „Sharkwater" und „Blackfish" zu sehen und dich bei Organisationen wie „SeaSheperd" oder „Greenpeace" weiter zu informieren und aktiv zu werden.

Handele im Interesse der Umwelt

Bei so vielen Problemen fragst du dich wahrscheinlich verzweifelt, ob du überhaupt irgendwie helfen kannst. Die Antwort ist ja. Wir alle können schon mit Kleinigkeiten dazu beitragen, unsere Umwelt zu schützen:

- Das Ganze fängt beim **Plastikkonsum** an. In Deutschland sind wir ja schon recht fortschrittlich. Auf Plastikflaschen und Dosen gibt es Pfand und auch Plastiktüten werden hier kaum noch verwendet. In anderen Ländern sieht dies jedoch häufig noch anders aus. Wenn du in den Urlaub fährst, achte auch hier darauf, nach Möglichkeit keine Plastiktüten zu benutzen. Je mehr wir den Plastikkonsum reduzieren, desto weniger Plastik kann in unsere Umwelt gelangen und dort Schaden anrichten. Vor allem das Einwegplastik wie Flaschen, Tüten, Strohhalme und Take-away-Becher sollten vermieden werden. Aber im Prinzip solltest du dir bei jeglichem Konsum die Frage stellen: „Brauche ich das wirklich"? Auch Kleidung und andere Dinge zu kaufen, die du nicht wirklich benutzt, produziert letztlich eigentlich nur Müll.

- Auch bei **Kosmetikprodukten** kannst du einen großen Unterschied machen. Viele Produkte, wie beispielsweise Peelings und Zahnpasta, enthalten ebenfalls Mikroplastik, das dann durch unser Abwassersystem in die Umwelt gelangen kann. Weiche daher lieber auf Produkte mit natürlichen Inhaltsstoffen aus. Kaffeesatz oder Salz mit Öl vermischt lassen sich beispielsweise wunderbar als Peelings benutzen. Sie sind gut für deine Haut, belasten die Umwelt nicht und sind auch noch schonend für deinen Geldbeutel.

- Wie du bereits gehört hast, haben Fisch und Meeresfrüchte häufig mit Plastikablagerungen zu kämpfen. Wenn du **Fisch essen** möchtest, achte auf jeden Fall darauf, dass dieser nicht aus überfischten Gebieten stammt und du keine bedrohten Tierarten konsumierst. Informiere dich, woher der Fisch stammt und stelle sicher, dass er nicht mit radikalen Fangmethoden gefischt wird, bei denen Riffe zerstört werden oder Beifang entsteht.

- Hilf mit, das **Image der Haie** zu verbessern. Erkläre den Menschen, dass Haie keine Monster sind und geschützt werden müssen. Achte darauf, keine Haiprodukte zu dir zu nehmen. Verwende auch keine Kosmetikprodukte, die Collagen enthalten, da dieses aus Knorpelskeletten von Haien und Rochen hergestellt wird.

- Reduziere deine **Duschzeit** auf maximal 4 Minuten und lass das Wasser nicht laufen, während du dir die Zähne putzt.

All diese Kleinigkeiten machen einen großen Unterschied, wenn mehr und mehr Menschen auf den Zug aufspringen und mithelfen.

Agiere als Vorbild

Mittlerweile gibt es einige Meerjungfrauen, die das Mermaiding hautberuflich ausüben. Manche Meerjungfrauen sind weltweit bekannt und haben hunderttausende Fans auf Facebook und Instagram und Millionen von Videoaufrufen auf Youtube.

Meerjungfrauen haben eine faszinierende Wirkung auf viele Menschen, gerade auf Kinder. So manches Mädchen verbringt Stunden und Stunden damit, sich YouTube-Videos von Unterwassernixen anzuschauen und davon zu träumen, eines Tages selbst eine echte Nixe zu sein. So viel Faszination auszulösen bringt jedoch auch eine gewisse Verantwortung mit sich, da Fans oft dazu neigen, ihre Idole nachzuahmen. Als Meerjungfrau oder Meermann bist du also auch ein Vorbild und solltest dir deiner Vorbildfunktion stets bewusst sein.

Besonders im Bereich des Meeresschutzes haben Nixen eine große Vorbildfunktion. Nehmen wir einmal an, du lädst ein Video von dir auf YouTube hoch, in dem du

zusammen mit einer Schildkröte schwimmst und diese beim Schwimmen berührst. Wahrscheinlich denkst du dir nichts Böses dabei und stellst dieses Video online. Ein junges Mädchen bewundert dein Video und kann ihren nächsten Urlaub am Meer kaum abwarten. Bei einem Schnorchelausflug sieht sie auf einmal eine Schildröte und erinnert sich an dein Video. Sie hat gesehen, dass du eine Schildkröte angefasst hast, also denkt sie, dass sie das ebenfalls ohne Probleme machen kann. Sie ist so aufgeregt und freut sich so sehr und lässt die Schildkröte gar nicht mehr los. Nach wenigen Minuten schwimmt die Schildkröte reglos neben ihr her – durch das Festhalten konnte sie nicht an die Oberfläche schwimmen und ist ertrunken.

Leider ist dies kein Einzelfall. Viele Menschen, gerade Touristen, fassen Meeresbewohner an und fügen ihnen dadurch oft großen Schaden zu.

Sei dir daher deiner Vorbildfunktion stets bewusst. Als Meerjungfrau hast du viele Fans, die genauso sein möchten wie du und dir daher alles nachmachen werden, was sie können.

Tritt nicht auf Riffe, du kannst dabei sehr viel zerstören und auch von giftigen Tieren gebissen oder gestochen werden. **Fasse generell keine Tiere an.** In Touristengebieten gibt es oft Schnorchel- und Tauchgebiete, in denen das Fischen verboten ist. Werden die Tiere, die dort leben, nun ständig von Menschen angefasst und bedrängt, entweichen diese irgendwann in andere Gewässer und gelangen dann früher oder später in die Fischergebiete und werden gefangen.

Füttere keine Tiere. Kleine Fische fressen oft Algen und Seegras. Werden sie nun über einen längeren Zeitraum regelmäßig von Menschen gefüttert, fressen sie ihr natürliches Futter nicht mehr. Die Algen vermehren sich dann dementsprechend, wachsen über Korallen, bringen diese zum Absterben und somit fällt ein komplettes Ökosystem in sich zusammen.

Merke dir einfach eine Grundregel: Gucken ist toll, du solltest aber niemals in die Natur eingreifen.

Einige seltene Ausnahmen gibt es jedoch. Siehst du **Müll im Meer oder am Strand**, kannst du diesen natürlich anfassen und entsorgen. Manchmal wirst du vielleicht auch eine Situation haben, in der ein Lebewesen dich anfasst. In meinen elf Jahren als Taucherin, hatte ich zwei solcher Situationen. Einmal schwamm ein Walhai auf mich zu und obwohl ich mich so flach wie möglich auf die Wasseroberfläche legte, berührte er mich einige Male, als er unter mir durchschwamm. In der anderen Situation entschied sich ein Hammerhai dazu, mit mir ein Tänzchen zu verrichten und schob mich für einige Momente friedlich durchs Wasser. Siehst du Tiere in Not, die beispielsweise in Plastik oder einem Fischernetz verfangen sind, dann **hilf natürlich, wenn du kannst**. Es ist jedoch trotzdem etwas anderes, als wenn du ein Tier einfach aus Spaß anfasst.

Wichtig zu wissen

Körperliche Fitness

Mermaiding setzt eine gewisse körperliche Fitness voraus. Meerjungfrauenschwimmen macht zwar unglaublich viel Spaß, es ist aber trotzdem ein anstrengender Sport. Wir sind mit zusammengebundenen Beinen im Wasser und eine nicht ausreichende Kondition könnte unser Unfallrisiko erhöhen. Um eine gewisse Kondition aufzubauen, empfehle ich Sportarten wie Schwimmen, Radfahren oder Laufen. Auch Inlineskating, Volleyball und viele weitere Sportarten sind wunderbar zum Konditionsaufbau geeignet. Wer über eine gute Kondition verfügt, hat üblicherweise einen niedrigeren Ruhepuls. Ein niedriger Ruhepuls hilft dir, beim Luftanhalten weniger Sauerstoff zu verbrauchen. Auch das Herz und die Lunge vergrößern sich und versorgen den Körper so besser mit Sauerstoff, selbst unter Belastung.

Auch kann das Tragen und Schwimmen in einer Meerjungfrauenflosse schnell zur Erschöpfung und zu Krämpfen führen, wenn die körperliche Fitness nicht ausreicht. Man muss sicherlich kein Leistungssportler sein, aber achte auf eine gewisse Grundfitness, bevor du dich mit Flosse ins Wasser begibst.

Tauchtauglichkeit

Ein gesunder Organismus ist eine Voraussetzung für das Mermaiding im Wasser. Wenn du daran interessiert bist, das Apnoetauchen etwas ernster zu nehmen und nicht nur auf 2 oder 3 m Tiefe in einem Pool herumschwimmen möchtest, solltest du dich einer Tauchtauglichkeitsuntersuchung unterziehen. Im Prinzip kann diese Untersuchung von jedem Hausarzt durchgeführt werden. Um auf Nummer sicher zu gehen kannst du aber auch einen Arzt aufsuchen, der mit einem Tauchverein oder einem Druckkammerzentrum zusammenarbeitet.

Medikamente und Mermaiding

Selbst alltägliche Medikamente, wie Kopfschmerztabletten, sind Medikamente. Auch wenn uns die Nebenwirkungen bekannt sind, könnten sich diese eventuell unter erhöhtem Druck verändern. Beim Mermaiding schwimmst du zwar eigentlich nicht so tief wie beim richtigen Apnoetauchen, trotzdem empfehle ich, vor dem Mermaiding keine Medikamente einzunehmen, beziehungsweise zuvor einen Arzt um Rat zu fragen. Leider gibt es derzeit noch nicht viele Medikamente, die unter erhöhtem Druck getestet wurden. Aspirin zählt zu den wenigen Ausnahmen. Durch den blutverdünnenden Effekt kann sich das Blackout-Risiko vergrößern. Aus diesem Grund würde ich von der Einnahme von Aspirin auch vor dem Mermaiding abraten.

Das Buddy-System

Unter einem „Buddy“ versteht man einen Partner, mit dem man das Mermaiding gemeinsam ausübt. Ein zuverlässiger Buddy, der bei Problemen Hilfestellung leisten kann, ist ein wesentlicher Sicherheitsfaktor beim Mermaiding, speziell im offenen Wasser. Grundsätzlich gilt, den Buddy immer im Sichtfeld zu haben.

Buddys können sich gegenseitig dabei behilflich sein, die Meerjungfrauenflosse anzulegen, wenn diese beispielsweise mit einem Reißverschluss zu verschließen ist. Sie bieten sich gegenseitige Hilfestellung in Notsituation und kommunizieren während des Mermaidings miteinander.

Beim Meerjungfrauenschwimmen im tieferen Wasser sollte sich beim Abtauchen abgewechselt werden. Eine Meerjungfrau taucht ab, während die andere an der Oberfläche wartet und anders herum. Somit haben die Nixen sich gegenseitig im Blickfeld und der Buddy kann im Notfall abtauchen und behilflich sein, falls die Nixe unter Wasser ein Problem haben sollte.

Generell, aber vor allem im tiefen Wasser, sollte man immer innerhalb seiner eigenen Grenzen und der Grenzen des Buddys bleiben. Wenn ich beispielsweise bis auf 20 m Tiefe herabtauchen kann, mein Buddy aber nur bis 15 m Tiefe taucht, sollte ich nicht tiefer als 15 m tauchen. Wenn ich tiefer als 15 m tief tauche und dort ein Problem habe, kann mein Buddy mir nämlich nicht helfen.

Mermaiding im Buddy-Team macht mehr Spaß als alleine und ist wesentlich sicherer.

In einem Schwimmbad kann gegebenenfalls auf das Buddy-System verzichtet werden. Dann sollte jedoch unbedingt eine direkte Aufsichtsperson mit im Wasser oder direkt am Beckenrand sein. Eine Aufsichtsperson muss sich zu 100 % auf die Person im Wasser konzentrieren und sollte unter gar keinen Umständen abgelenkt werden. Handys, Tabletes, Magazine, Bücher und andere Dinge, die die Aufsichtsperson ablenken könnten, sollten für die Aufsichtszeit in der Tasche bleiben.

Limits

Natürlich möchtest du dich im Laufe der Zeit steigern, das ist ganz normal. Du möchtest vielleicht deine Schwimmbewegungen optimieren und dein Luftanhalten verlängern. Denke jedoch daran, **niemals zu sehr an deine Limits zu pushen**.

Beim Luftanhalten besteht nach wie vor die Gefahr, einen Blackout zu bekommen, wenn du dein Limit überschreitest. Es sollte niemals dein Ziel sein, ohnmächtig zu werden. Trainiere immer in einem gesunden Rahmen und du wirst mit regelmäßigem Training in kurzer Zeit für einige Minuten auf das Atmen verzichten können.

Handzeichen zur Kommunikation

Im Wasser und speziell unter Wasser kann man nicht immer durch Reden kommunizieren. Daher gibt es ein paar international bekannte Handzeichen, die zur Kommunikation im Wasser erlernt werden sollten.

Der Kreis ist ein Zeichen um zu sagen „ALLES OK“. Er kann gebildet werden, indem man Daumen und Zeigefinger miteinander verbindet. Für die Kommunikation über eine größere Distanz, zum Strand oder zu einem Boot, kann man diesen Kreis vergrößern. Lege dazu eine Hand auf deinen Kopf oder, für das größtmögliche Signal, berühre beide Hände weit über deinem Kopf.

Um deinem Buddy zu signalisieren, dass du ein PROBLEM hast, halte deine Hand waagerecht und bewege sie in einer Kippbewegung von links nach rechts. Um für Hilfe an Land oder einem Boot zu signalisieren, winke ihnen mit einer großen Armbewegung zu. Da Winken im Wassersport im Allgemeinen als Notsignal gilt, solltest du **niemals zum Gruß winken**.

Im Tauchen gibt es noch viele weitere Handsignale, doch diese beiden sind für das Mermaiding die wichtigsten. Du kannst dir mit deinem Buddy natürlich auch noch weitere Signale überlegen, je mehr man unterwegs kommunizieren kann, desto mehr Spaß hat man dabei.

Die richtigen Wasserbedingungen

Du kannst dich vielleicht noch an die Zeit erinnern, als du das Fahrradfahren erlernt hast. Du hast sicherlich zuerst mit Stützrädern geübt, bevor du auf zwei Rädern einen großen Berg herunter gerauscht bist, richtig?

Genauso ist es auch beim Mermaiding. Du solltest nicht bei deinem ersten Versuch gleich ins offene Meer mit 30 m Wassertiefe, hohen Wellen und starker Strömung schwimmen. Beginne zuerst im flachen Wasser in einem Schwimmbecken. Wenn du dich darin richtig wohl und sicher fühlst, gehe ins tiefere Becken. Wenn du auch darin wunderbar und selbstbewusst umherschwimmst, dann kannst du dich auch ins offene Wasser begeben. Probiere zuerst einen See oder das Meer, wenn das Wasser relativ ruhig ist.

!

Ich persönlich würde nicht empfehlen, in Gewässern mit hohen Wellen oder starken Strömungen zu schwimmen. Dies kann selbst für sehr erfahrene Meerjungfrauen gefährlich werden. Gegen Strömungen anzuschwimmen ermüdet schnell und kann unter Umständen Krämpfe verursachen. In starken Strömungen ist es leicht, von seinem Buddy getrennt zu werden oder vom Strand, Boot oder ähnlichem abzutreiben.

Auch die WASSERTEMPERATUR ist wichtig. Wie bereits erwähnt, ist die Entspannung für das Abtauchen mit angehaltener Luft sehr wichtig. Wer friert, kann sich nicht richtig entspannen. Somit sollte zu kaltes Wasser vermieden oder unter der Flosse eine Kälteschutzkleidung, wie beispielsweise ein Neoprenanzug getragen werden.

It's a beautiful mermaid life!

Strecke, Tiefe, Zeit

Beim Mermaiding schwimmen wir mit angehaltener Luft unter Wasser. Wer gerne etwas tiefer als maximal 5 m abtauchen möchte, sollte auf jeden Fall einen entsprechenden Apnoekurs absolvieren.

Von Hobby-Meerjungfrauen sollten folgende Grenzen nicht überschritten werden:

- 75 m Streckentauchen
- 25 m Tieftauchen
- 3 Minuten Luftanhalten

Wenn du nicht gerade für Apnoe-Wettbewerbe trainierst, reichen diese Grenzen absolut aus, um innerhalb dieser so richtig viel Mermaiding-Spaß zu haben. Beachte trotzdem, dass du niemals tiefer, weiter oder länger tauchen solltest, als du in einem Apnoekurs erlernt hast.

Mermaiding und Gerätetauchen

Wenn du kein erfahrender Taucher mit mindestens 500 Gerätetauchgängen bist und zusätzlich über eine Apnoe-Ausbildung verfügst, dann atme beim Mermaiding unter Wasser niemals von einem Gerätetaucher!

!

Das Atmen von Druckluft bringt andere Risiken mit sich, als das Tauchen mit angehaltener Luft. Ich selbst werde bei meinen Unterwassershootings oft von Sicherheitstauchern beatmet. Dies setzt jedoch jahrelanges Training im Geräte- und Apnoetauchen voraus. Es wird ganz klar als Stuntarbeit klassifiziert und bringt viele Risiken mit sich.

Bist du ein Taucher und möchtest bei deinem Tauchurlaub sowohl das Gerätetauchen, als auch das Mermaiding genießen, fange immer mit dem Mermaiding an. Beim Gerätetauchen sättigt sich unser Gewebe mit Stickstoff, was beim zu schnellen Auftauchen Mikrobläschen freisetzten kann. Diese Bläschen können zu einem Dekompressionsunfall führen, der im schlimmsten Fall tödlich enden kann. Auch wenn du nun nicht mehr unter Wasser atmest und somit mehr Stickstoff aufnimmst, ist dein Gewebe trotzdem noch vorgesättigt. Tauchst du nun schnell auf und ab können durch die schnellen Druckunterschiede trotzdem Mikrobläschen freigesetzt werden. Diese werden durch Anstrengung und schnelle Aufstiege auch noch vergrößert. Dementsprechend sollte das Mermaiding oder Apnoetauchen immer vor dem Gerätetauchen stattfinden.

Jobs als Profi-Meerjungfrau

Meerjungfrauenschwimmen ist sicherlich ein wundervolles Hobby. Unter gewissen Umständen kannst du es aber sogar als Beruf ausüben.

Es gibt verschiedene Möglichkeiten, um als Meerjungfrau zu arbeiten. Natürlich kommt es darauf an, wo du lebst und welche Fähigkeiten und welches Training du absolviert hast. Du kannst beispielsweise als Entertainer, Meerjungfrauenmodel oder Nixentrainer arbeiten, je nachdem wo deine Stärken liegen.

Arbeiten als Entertainer

Es gibt verschiede Möglichkeiten, um als Meerjungfrauen-Entertainer zu arbeiten. Eine sehr beliebte Variante ist es, auf Kindergeburtstagen und Veranstaltungen für Kinder zu arbeiten.

Bei solchen Veranstaltungen empfehle ich auf jeden Fall das Tragen einer Silikonflosse. Gerade die jüngeren Kinder werden so umso mehr glauben, dass du eine echte Meerjungfrau bist. Das Arbeiten mit Kindern ist jedoch nicht immer einfach. Sehr kleine Kinder reagieren manchmal mit dem „Weihnachtsmann-Reflex" und haben vielleicht Angst, dir zu nahe zu kommen. Hin und wieder kommt es vielleicht sogar vor, dass kleine Kinder anfangen zu weinen, wenn sie dich sehen. Nimm es nicht persönlich. Es ist einfach die Angst vor dem Unbekannten, die sich bei den Kleinen in diesem Moment zeigt.

Ab einem gewissen Alter vermuten Kinder eventuell, dass du keine echte Meerjungfrau bist. Manche haben dann das starke Bedürfnis, dir dies mitzuteilen. Das kann manchmal unangenehm werden, speziell wenn jüngere Kinder anwesend sind, die noch an echte Meerjungfrauen glauben. In diesem Fall kannst du sie darum bitten, respektvoll zu sein und darauf aufmerksam machen, dass die jüngeren noch nicht wissen, dass du unter deiner Flosse Beine trägst.

Mach dich beim Umgang mit Kindern darauf gefasst, dass dir viele Fragen gestellt werden können. Du solltest deine Story also dementsprechend parat haben. Fragen wie „wo wohnst du?“, „wie bist du hierhergekommen?“, „was isst du?“ sind sehr üblich. Aber auch Fragen wie, „wie machen Meerjungfrauen Babys?“ oder „wie gehen Meerjungfrauen auf die Toilette?“ kommen immer mal wieder vor. Mache dir also im Vorfeld Gedanken, wie du auf solche und ähnliche Fragen reagierst.

Ich persönlich bleibe immer bei der Geschichte, dass meine Flosse sich wieder in Beine verwandelt, wenn sie komplett getrocknet ist. Somit sind auch kleine Kinder nicht zu sehr verwundert, falls sie mich doch irgendwo einmal mit Beinen sehen sollten. Was das Essen angeht, rate ich persönlich davon ab „Fisch“ oder „Meeresfrüchte“ zu „bewerben“, da wir auch hier in unserer Funktion als Botschafter der Meere unterwegs sind. Ich sage immer, mein Lieblingsessen wären Nudeln mit Algen und das finden die meisten Kids lustig. Bezüglich des „Vermehrens“ und des „Toilettengangs“ sage ich einfach „genauso wie Delfine“. Natürlich kommt dann meistens die Frage wie Delfine dieses tun und dann sage ich, dass ihnen das die Eltern später erklären können.

Bei GEBURTSTAGSFEIERN ist es manchmal schwierig, die Gruppe komplett zu kontrollieren. Die Kinder sind meist aufgeregt und da sie sich üblicherweise untereinander kennen, ist die Konzentrationsspanne manchmal sehr eingeschränkt. Je nach Altersgruppe, überlege dir Spiele, die du mit den Kindern im Wasser spielen kannst oder Geschichten, die du ihnen erzählen kannst.

Ein guter Tipp sind Perücken. Gerade in bunten Farben machen sie deinen Mermaid-Look nicht nur komplett, nein sie helfen dir auch, „undercover“ zu bleiben. Bist du während einer Veranstaltung mit blauen Haaren und Flosse zu sehen, wird dich kaum jemand erkennen, wenn du danach mit blonden Haaren und Beinen herumläufst.

Auch ÖFFENTLICHE EVENTS oder FIRMENVERANSTALTUNGEN könnten zu deinen Jobs zählen. Sitzt du in deiner Meerjungfrauenflosse aus Silikon, ist ein wichtiger Punkt zu beachten: Die Silikonflosse quetscht im Prinzip jedes vorhandene oder auch nicht vorhandene Bauchfett heraus. Konzentriere dich also darauf, stets gerade zu sitzen und deinen Bauch einzuziehen. Du kannst auch Accessoires wie zum Beispiel ein Fischernetz nutzen, um des „Bauchgequetsche“ etwas zu kaschieren.

Als KLEINE HILFSMITTEL empfehle ich Luftblasen und vielleicht eine kleine Schatztruhe mit Wunschsteinen drinnen, die die Gäste mit nach Hause nehmen können. Dazu nutze einfach ein paar natürliche Steine oder Glassteine aus dem Gartenhaus. Sage den Gästen, dass das magische Wunschsteine sind und vor dem Einschlafen unters Kopfkissen gelegt werden sollen.

Luftblasen sind immer toll. Erwachsene bewundern sie und Kinder jagen ihnen gerne hinterher. Ich würde nicht empfehlen, Luftballons oder ähnliches zu nutzen, da diese der Umwelt und gerade im Meer sehr großen Schaden anrichten. Setze auf „Bubbles statt Ballons“, davon kannst du so viele wie möglich pusten, sie machen Spaß und richten keinen Schaden an.

Du kannst damit rechnen, dass die meisten Reaktionen auf dich sehr positiv sein werden. Kinder sind meistens verzaubert, wenn sie dich sehen und auch Erwachsene sind oft fasziniert.

Hin und wieder bekommst du aber vielleicht auch einmal eine negative Reaktion. Sollte dies der Fall sein, lächele einfach noch mehr und versprühe umso mehr Meerjungfrauen-Magie.

AQUARIEN

Eine weitere Möglichkeit, um als Meerjungfrauen-Entertainer zu arbeiten, gibt es in Aquarien. Als Unterwasser-Performer sollten deine Fertigkeiten unter Wasser schon sehr gut trainiert sein. Dein maximaler breathhold sollte mindestens bei 2 ½ Minuten liegen, damit du während deiner Shows nicht alle 10–20 Sekunden auftauchen musst.

Deine Mimik sollte so natürlich und verfeinert sein, dass Zuschauer den Eindruck haben, dass du dich gar nicht unter Wasser befindest. Auch die Kontrolle deiner Haare, deines Körpers und gegebenenfalls Accessoires sollte perfekt beherrscht werden. Niemand möchte eine Meerjungfrau sehen, die wie ein Kugelfisch guckt, die Augenbrauen hochzieht oder unkontrollierte Bewegungen unter Wasser ausübt, um einem ungeplanten Auftauchen entgegenzuwirken.

Gerade in kleineren Aquarien kannst du nicht unbedingt viel Schwimmen. Daher ist es umso wichtiger, kleine Tricks besser zu beherrschen. Blasenringe aufsteigen zu lassen und Bubbleherzen zu werfen, ist immer sehr beliebt bei Zuschauern jeden Alters.

Auch wenn du die Zuschauer nicht scharf sehen kannst, denken diese trotzdem, dass du klarsiehst. Pose zwischendurch für Fotos und Selfies und zeige dein schönstes Nixen-Lächeln.

Das Schwimmen in Aquarien kann ganz unterschiedlich sein, je nach Größe des Beckens, in dem du schwimmst. Ist das Becken groß genug, kannst du neben den Tricks auch deine Schwimmbewegungen zeigen. Manche Aquarien sind recht dunkel und da du ohne Maske schwimmst, bist du fast blind. Orientiere dich am besten an der Glasscheibe, die dich von den Zuschauern trennt.

SHOWS IN AQUARIEN, bei denen die Nixen einen guten Job machen, kreieren bei den Zuschauern oft ein magisches und unvergessliches Erlebnis. Für Nixen und Meermänner kann es manchmal aber sehr anstrengend sein. Nicht nur das Luftanhalten und fast blinde Posieren hinter Glas, sondern auch eine kühle Wassertemperatur können schnell zur Ermüdung führen. Bereite dich körperlich und mental ausreichend auf solche Shows vor und nimm dir sowohl vor, als auch zwischen und nach den Shows genügend Zeit, um dich auszuruhen und wieder zu Kräften zu kommen.

Denke auch daran, was du im Kapitel „BOTSCHAFTER DER MEERE“ gelernt hast. Eine Nixe sollte immer nach besten Wissen und Gewissen handeln, wenn es sich ums Thema Umwelt- und Meeresschutz dreht. Vielleicht hoffst du auf den großen Durchbruch als Meerjungfrau und denkst, dass jedes Jobangebot dir dabei helfen kann, ganz groß rauszukommen. Aus Erfahrung kann ich sagen, dies ist nicht der Fall. Bleibe dir selbst treu und sage ruhig „nein“, wenn du ein ungutes Gefühl hast. Manche Topmodels haben Backstage bei Fashionshows einen Aufstand gemacht, weil ihnen nicht gesagt wurde, dass sie Pelz tragen sollten. Durch diese Verweigerung sind manche dieser Models erst richtig bekannt geworden und haben dadurch ihren Durchbruch vom durchschnittlichen Model in die Topmodel-Liga geschafft.

Auch ich habe mehrfach Anfragen von Aquarien und Wasserparks bekommen, die fragten, ob ich in ihren Einrichtungen Meerjungfrauenshows machen würde. Zu wenigen sagte ich ja, den meisten sagte ich ab.

Generell bin ich kein Fan davon, wenn Tiere in Gefangenschaft leben. Für viele Jahre besuchte ich daher weder beruflich noch privat Einrichtungen wie Zoos oder Aquarien. Mittlerweile habe ich jedoch die Unterschiede zwischen verschiedenen Einrichtungen erkannt. Wo manche die Tiere ganz klar zum Amüsement und Geldverdienen halten, steht bei anderen ganz klar die Aufklärung im Vordergrund.

Als Meerjungfrau bin ich in „Underwater World Pattaya" in Thailand geschwommen, um eine Kampagne zum Thema Meeresverschmutzung zu unterstützen. Im Aquarium KLCC in Malaysia schwamm ich gegen das brutale Abschlachten von Haien und im AQWA in Australien schwamm ich für mehrere Events, die dem Umweltschutz dienten. Diese Einrichtungen leisten eine tolle Aufklärungsarbeit und einige kümmern sich um verletzte Meeresbewohner und entlassen diese, wenn möglich, wieder in die Wildnis. Mit solchen Einrichtungen arbeite ich gerne zusammen.

Arbeiten als Nixenmodel

Es gibt verschieden Möglichkeiten, um als Meerjungfrauenmodel zu arbeiten. Wenn du eine gute Website und/oder Social-Media-Seiten hast, finden potentielle Kunden dich recht schnell.

Die Angebote, an Land als Meerjungfrauenmodel zu arbeiten, sind recht überschaubar. Hin und wieder gibt es vielleicht mal Magazine, Werbekampagnen oder Designer, die eine Meerjungfrau ablichten möchten.

Im Generellen glaube ich jedoch nicht, dass man davon leben kann, wenn man nur in diesem Bereich arbeitet. Manchmal buchen Auftraggeber auch einfach Models einer Modelagentur, die sie dann in einer Meerjungfrauenflosse ablichten.

Ich selbst werde hin und wieder als Meerjungfrauenmodel gebucht. Die meisten Jobs bekomme ich jedoch eher auf Grund meines Bekanntheitsgrads oder als Werbeshooting für eine weitere Zusammenarbeit, wie beispielsweise meine Arbeit an Bord der „Dream Cruises"-Kreuzfahrtschiffe.

Arbeiten als Unterwassermodel

Bei der Arbeit als Unterwassermodel sieht es jedoch etwas anders aus. Während an Land so ziemlich jedes Model in einer Nixenflosse abgebildet werden kann, braucht ein Unterwassermodel wesentlich stärker trainierte Fähigkeiten. Um als Unterwassermodel erfolgreich zu sein, gehört neben einem gewissen Äußeren auch ein hartes Training im Geräte- und Apnoetauchen dazu. Ein oder mehrere Apnoekurse bieten eine gute Grundlage für das Modeln unter Wasser. Bis Model und Fotograf in Position sind, die Kleidung oder Haare richtig sitzen, alle Luftblasen vor dem Gesicht verschwunden sind und ähnliches, dauert es eine gewisse Zeit. Kannst du deine Luft aber nur maximal 30 Sekunden anhalten, ist dies oft nicht genug Zeit, um für die Kamera zu posieren. Eine gute Apnoeausbildung ist daher eine wesentliche Grundlage für Shootings im Pool oder in flachem Freiwasser.

Denke daran, niemals von einem Gerätetaucher unter Wasser zu atmen, es sei denn du bist mindestens bis zum Divemaster-Level ausgebildet und hast mindestens 500 Tauchgänge absolviert.

MODELN UNTER WASSER ist ein gefährlicher Job. Die stark eingeschränkte Sicht, Kälte, Wasser in der Nase, Strömungen, scharfe Korallen, Fische und ähnliches können bei wenig erfahrenen Models schnell zu einer Panikattacke führen. Sie kann nicht nur dich selbst, sondern auch dein gesamtes Team in Gefahr bringen. Natürlich gibt es auch bei erfahrenen Unterwassermodels immer ein Restrisiko, dass ein Unfall passieren könnte. Durch Training, Qualifikation und Erfahrung von dir und deinem Team kann dieses Risiko jedoch so gering wie möglich gehalten werden.

Es gibt sicherlich nicht so viele Jobs im Bereich des Unterwassermodelns wie beim Modeln an Land. Dafür gibt es jedoch auch wesentlich weniger Mitbewerber, die eventuell für das jeweilige Shooting als Model in Frage kommen.

Als **erfahrenes Unterwassermodel** mit einem guten Portfolio hast du daher recht gute Chancen, auch gebucht zu werden.

Du wirst sicherlich nicht jede Woche bezahlte Unterwassershootings haben. Diejenigen, die du hast, sind dafür jedoch gut bezahlt. Je nach Dauer, Aufwand, Verwendungszweck, Nutzungsrechten, Risiken und ähnlichem kann deine Gage zwischen mehreren tausend und mehreren zehntausend Euro pro Shooting betragen.

Bedenke bei deiner Gagenangabe folgende Punkte: Deine Tauch- und Apnoeausbildung hat dich mehrere tausend Euro gekostet, du hast jahrelanges Training in deine

Ausbildung und Qualifikationen investiert und besitzt nun Fertigkeiten, die nicht viele andere Models besitzen. Während eines Unterwassershootings setzt du dich einem erhöhten Risiko aus. Um dich von einem Shooting zu erholen, benötigst du Pflegeprodukte wie zum Beispiel Haarkuren, Body Lotion, Augentropfen und ähnliches, das kostet dich alles Geld.

Traue dich demnach ruhig, deine Gage deiner Leistung und Investition entsprechend anzupassen. Qualität hat ihren Preis.

Arbeiten als Meerjungfrauen-Instruktor

Auch das Unterrichten von Meerjungfrauenkursen ist eine tolle Möglichkeit, um als Nixe zu arbeiten. Sei dir bewusst, dass du in diesem Beruf eine hohe Verantwortung trägst. Anderen und besonders Kindern das Schwimmen mit zusammengebundenen Beinen beizubringen, ist nicht immer leicht.

In meiner Meerjungfrauenschule, der Mermaid Kat Academy, unterscheide ich zwischen zwei Arten von Kursen. Die **90-minütigen Kurse** sind für Kinder und Erwachsene geeignet. Sie sind eine wunderbare

Einführung in die Welt des Mermaidings und dazu da, um Grundtechniken zu erlernen, Sicherheitsübungen durchzuführen und Spaß zu haben. Um ausschließlich diese Kurse zu unterrichten, müssen meine Nixentrainer einen Rettungsschwimmerkurs oder eine vergleichbare Ausbildung absolviert haben. Dann bekommen sie von uns die Grundlagen für das Unterrichten dieser Kurse beigebracht.

Die **Profi-Kurse** in der Mermaid Kat Academy sind etwas umfangreicher. Sie sind für ältere Teenager und Erwachsene geeignet und ein Kurs dauert einen ganzen Tag. Im Klassenraum lernen die Schüler Grundlagen zum Equipment, Apnoetechniken, Sicherheit, Arbeiten als Meerjungfrau und vieles mehr. Danach werden Apnoe-Übungen und verschiedene Übungen im Wasser absolviert, bevor die Teilnehmer dann ihre Urkunde bekommen.

Nixentrainer, die diese Kurse unterrichten möchten, müssen als Apnoe-Instruktor ausgebildet sein.

Andere Meerjungfrauenschulen haben vielleicht andere Voraussetzungen. Durch meine jahrelange Erfahrung bin ich zu der Erkenntnis gekommen, dass diese oder vergleichbare Qualifikationen eine gute Grundlage sind, um als Meerjungfrauen-Instruktor zu arbeiten.

Die richtige Gage finden

Mermaiding macht Spaß, aber soll es dein Beruf sein, muss natürlich auch das Finanzielle stimmen. Sich für die richtige Gage zu entscheiden, kann gerade am Anfang recht schwer sein. Natürlich kommt es auch darauf an, ob du selbständig bist oder im Angestelltenverhältnis für jemanden arbeitest.

Meine Meerjungfrauentrainer bekommen beispielsweise einen festen Stundenlohn, für die jeweiligen Stunden, die sie jeden Monat im Einsatz waren.

Einige meiner Instruktoren arbeiten hin und wieder auch auf Events. Bei Veranstaltungen unterscheide ich grundsätzlich zwischen „trockenen" und „nassen" Events. Die Gage für trockene Events ist etwas geringer als bei Veranstaltungen, bei denen meine Nixen schwimmen. Dies hat mehrere Gründe. Eine schwimmende Nixe braucht natürlich mehr Training als eine Nixe, die nur in einer Muschel sitzt. Des weiteren sind Shows im Wasser körperlich oft anstrengender und die Flossen und Accessoires müssen nach der Benutzung im Chlor- oder Salzwasser gründlich gereinigt werden. Das rechtfertigt eine höhere Gage, als eine Veranstaltung im Trockenen.

Arbeite auf keinen Fall umsonst. Wenn Mermaiding dein Job oder Nebenjob sein soll, solltest du auch dafür bezahlt werden. Gerade zu Beginn deiner Karriere bekommst du vielleicht Angebote, in denen du „mit Fotos bezahlt wirst". Sicherlich sind Fotos wichtig für dein Portfolio. Dazu kannst du mit Fotografen

TFP-Fotoshootings (time for pictures/Zeit gegen Fotos) organisieren, bei denen keiner von euch den anderen bezahlt, ihr jedoch gleichermaßen eure Zeit investiert, um tolle Fotos entstehen zu lassen. Diese können dann dazu genutzt werden, dein eigenes Portfolio und das Portfolio des Fotografen zu erweitern. Ich würde dir klar davon abraten, dich bei Veranstaltungen oder Geburtstagsfeiern mit Fotos bezahlen zu lassen. Von vielen Nachwuchsnixen weiß ich, dass diese ihre Fotos oftmals nie bekommen. Des weiteren würdest du ja auch keinen Elektriker buchen und versuchen, seinen Service kostenlos zu erhalten, oder? Sei dir deines Trainings, deiner Arbeit und deiner Investition stets bewusst.

Zu geringe oder überhaupt keine Gagen zu nehmen kann letztlich deiner eigenen Karriere und auch anderen Meerjungfrauen schaden. Auftraggeber sprechen sich gegebenenfalls untereinander ab und der nächste Kunde möchte dich dann auch nicht oder nur gering bezahlen. Wenn es immer wieder Nachwuchsnixen gibt, die bereit sind, Jobs „for free“ auszuüben, dann ist irgendwann niemand mehr bereit, überhaupt noch Geld in Meerjungfrauen zu investieren und das Berufsfeld „Meerjungfrau“ stirbt genauso schnell aus, wie es aufgetaucht ist.

Kunden sind durchaus bereit, einen guten Preis für eine gute Qualität zu bezahlen. Sind deine Angebote zu niedrig, geht ein potentieller Kunde eventuell von einer schlechten Qualität aus und bucht jemand anderen.

I love mermaiding!

Reaktionen in der Öffentlichkeit

Manche Menschen denken leider, dass sie sich besser fühlen, wenn sie versuchen, andere zu verletzten. Solange es Menschen gibt, wird es leider auch immer solche Menschen geben. Von Kolleginnen habe ich gehört, dass gerade Nixen mit einigen Extrakilos auf den Rippen manchmal eine Vorlage für solche Angriffe sein können. Lass dich durch negative Kommentare nicht runterziehen! Denke immer daran, dass du eine Meerjungfrau bist, um Spaß zu haben und anderen ein Lächeln ins Gesicht zu zaubern. Wenn dich jemand dafür angreift, sagt das mehr über seinen Charakter aus als über deinen. Merke dir auch, dass du immer „Hater" haben wirst, ganz egal, was du machst. Das ist jedoch ok, denn du wirst auch immer Menschen haben, die dich lieben.

Gibt es Meerjungfrauen wirklich?

Ob es Meerjungfrauen tatsächlich gibt, kann ich nicht beantworten, ich selbst habe zumindest noch keine getroffen. In den letzten Jahren gab es immer mal wieder „Dokumentationen" und YouTube-Videos, die angeblich den Fund echter Meerjungfrauen zeigten. Heutzutage ist jedoch mit Video-Tricks und Photoshop so viel möglich, dass man nicht wirklich weiß, ob man diesen Videos glauben kann.

Einige Menschen sind fest davon überzeugt, dass echte Meerjungfrauen nicht existieren. Wenn man jedoch bedenkt, dass **rund 90 % unserer Meere noch immer unerforscht** sind und regelmäßig neue Spezies entdeckt werden,

von denen man nicht wusste, dass es sie gibt, könnten doch vielleicht auch echte Meerjungfrauen tatsächlich existieren. Da Nixen bisher jedoch nicht an der Wasseroberfläche gesichtet wurden, wären sie wahrscheinlich doch anders als in unserer Vorstellung. Da sie vermutlich in den wirklich tiefen Gewässern leben würden, wären sie wahrscheinlich doch eine Art Fisch und kein Säugetier. Ich bin mal gespannt, ob es in den nächsten Jahren doch eine wirkliche Entdeckung richtiger Meerjungfrauen geben wird.

Ob es sie nun tatsächlich gibt oder nicht, ist eigentlich weniger wichtig. Wichtig ist nur, dass sie eine große Faszination ausüben. Diese Faszination ist so groß, dass sich in den letzten Jahren sogar ein richtiger „Meerjungfrauen-Kult“ entwickelt hat. Tausende von Frauen und Männern üben das Schwimmen in einer Meerjungfrauenflosse mittlerweile als Hobby aus – oder sogar beruflich.

EMPFEHLUNG

Um den Umgang mit der Meerjungfrauenflosse richtig zu erlernen, empfehle ich dir den Besuch einer professionellen Meerjungfrauenschule. Die Mermaid Kat Academy hat derzeit Standpunkte in Niedersachsen, Schleswig-Holstein, Brandenburg, Mecklenburg-Vorpommern, Bayern und Nordrhein-Westfalen und wird in naher Zukunft hoffentlich noch viele weitere Standorte in Deutschland eröffnen.

Auch beim Kauf einer Flosse beachte meine Tipps im Kapitel „Meerjungfrauen-Equipment“. Es gibt sicherlich Flossen in verschiedenen Preisklassen, aber sei dir bewusst darüber, dass auch die Qualität große Unterschiede mit sich bringt. „Billigflossen“ schlechter Qualität brechen schneller und so bezahlt man am Ende dann doch mehr, als hätte man gleich in professionelles Equipment investiert.

Egal, ob du Mermaiding als Hobby betrachtest oder es beruflich ausüben möchtest, die Sicherheit steht immer im Vordergrund! Vergiss nicht, dass die Meerjungfrauenwelt magisch ist. Denke daran, Spaß zu haben und auch anderen jederzeit ein Lächeln ins Gesicht zu zaubern, das ist die Power der Meerjungfrauen und sie ist unbezahlbar.

Ich hoffe sehr, dass dir dieses Buch einige Fragen beantworten konnte. Hast du doch noch zusätzliche Fragen, schaue bitte in die FAQs auf meiner Website **www.mermaid-kat.de**. Diese ergänze ich ständig.

Hilfreiche Tipps und Videoanleitungen findest du natürlich auch in den YouTube-Kanälen von Mermaid Kat und des Mermaid Kat Shops.

Nun viel Spaß bei deinen eigenen Nixenabenteuern.

Sweet Ocean Kisses
Mermaid Kat
xxx

MERMAID KAT